Jochen Kastilan

Am Anfang ist das Ziel

Mit dem Kaiser Marc Aurel auf dem Philosophenweg

Bibliografische Information der
Deutschen Nationalbibliothek.
Die Deutsche Nationalbibliothek verzeichnet diese
Publikation in der Deutschen Nationalbibliografie,
detaillierte bibliografische Daten sind im Internet über
http://dnb.dnb.de abrufbar.

© 2016 Jochen Kastilan
Herstellung und Verlag:
BoD-Books on Demand, Norderstedt

Titelbild: Säulenhalle Busbahnhof Spaichingen,
Jochen Kastilan

ISBN: 9783739236940

Wer richtig leben will, bedenke das Ende

Am Anfang ist das Ziel. Jedes Leben endet im Tod. Dieses Ziel erreicht der Mensch früher oder später. Wie, das hängt auch von ihm ab. In seinen "Selbstbetrachtungen", in seinen Gedanken an sich selbst, hat der römische Kaiser Marc Aurel oder einer, der versucht hat, sich in ihn hineinzuversetzen, ich bin mir da nicht so sicher wie die allgemeine Annahme seiner Autorenschaft, über das Leben nachgedacht. Den Spuren auf diesem Kaiserpfad kann auch heute jeder folgen. Soviel Weisheit und Ethik für die Welt wie in der Philosophie der Antike, denn das sind die wahren Werte des Abendlandes, findet sich in keiner Religion. Es ist ein Gewinn, nachzudenken über das, was besonders auch die Stoiker Jahrhunderte beschäftigte. Philosophie unterscheidet sich vom Glauben, der immer an einer Mauer enden muss. Der Philosoph dagegen weiß, dass es nicht alles weiß und nicht alles wissen kann. Er lebt heute und nicht gestern und nicht morgen.

Jochen Kastilan

Tod

Marc Aurel sagt über den Tod:

Wie schnell doch alles verschwindet! In der Welt die Menschen selbst, in der Zeit ihr Andenken! Was ist alles Sinnliche, besonders das, was uns durch Wollust reizt oder durch Schmerz erschreckt, endlich das, was uns durch Scheingröße Rufe der Bewunderung entlockt: wie unbedeutend und verächtlich, wie niedrig, hinfällig und tot! Dies zu erwägen, geziemt dem denkenden Menschen. Wer sind selbst diejenigen, deren Meinungen und Reden Ruhm verleihen? Was ist der Tod? Wenn man ihn für sich allein betrachtet und in Gedanken das davon absondert, was in der Einbildung damit verbunden ist, so wird man darin nichts anderes erblicken als eine Wirkung der Natur. Wer sich aber vor einer Naturwirkung fürchtet, ist ein Kind. Noch mehr, der Tod ist nicht bloß eine Wirkung der Natur, sondern eine für die Natur heilsame Wirkung.

Wie bald, und du bist Asche und ein Knochengerippe und nur noch ein Name, oder selbst nicht ein Name mehr ist übrig! Der Name aber ist bloßer Schall und Widerhall. Und die geschätztesten Güter des Lebens sind eitel, modernd, unbedeutend, Hunden gleich, die sich beißen, und Kindern, die sich zanken, bald lachen und dann wieder weinen. Treue aber und Scham, Gerechtigkeit und Wahrheitsliebe – zum Olymp der geräumigen Erde entflohen. Was gibt es also, das dich hier unten zurückhält? Alles Sinnliche ist ja so wandelbar und unbeständig, die Sinne selbst sind aber voll trüber Eindrücke und leicht zu täuschen, und das Seelchen ist selbst nur ein Aufdampfen des Blutes. Und nun unter solchen Menschen berühmt sein – wie nichtig! Warum siehst du also nicht gelassen deinem Erlöschen oder deiner Versetzung entgegen? Bis aber dieser Zeitpunkt sich einstellt, was bleibt übrig? Was anders, als den Menschen wohl zu tun und sie zu dulden oder auch zu meiden und zu bedenken, dass alles, was außerhalb der engen Grenzen deines Fleisches und Geistes liegt, weder dir gehört noch von dir abhängt.

*

Niemand ist so unbestritten, dass nicht unter denen, die sein Sterbebett umstehen, einige sein sollten, die sein herannahendes Ende begrüßen. Das ist so beim Tod eines rechtschaffenen Menschen. Denn wir mögen etwas an uns haben, weshalb mancher uns loszuwerden wünscht. Daran denke in deiner Sterbestunde! Und du wirst leichter gehen, wenn du dir vorstellst, dass du eine Welt verlassen sollst, aus der mich selbst

Menschen fortwünschen, für die ich so viel gekämpft, gebetet und gesorgt habe. Warum sollte sich man also länger an dieser Welt festklammern? Trotzdem scheide nicht mit weniger Wohlwollen gegenüber ihnen, sondern bleibe deiner Art treu und gegen sie freundlich und milde. Gehe nicht widerstrebend, wie wenn du gewaltsam von ihnen weggerissen würdest, sondern, wie deine Seele sanft den Körper verlässt, so musst du auch ihren Kreis verlassen.

*

Jede Tätigkeit, die zur bestimmten Zeit ihr Ende erreicht, erleidet durch das Aufhören keinen Schaden. Ebenso wenig der, welcher tätig war. Dies gilt auch für das Leben und sein Ende. Denn die Lebenszeit ist Sache der Natur. Manchmal erst im Greisenalter. Das Aufhören des Lebens ist für niemand von Nachteil, von unserer Willkür unabhängig und dem Gemeinwohl nicht zuwider, niemandem Schande macht; vielmehr ist es ein Gut für die ganze Welt, die auf solche Weise erneuert wird.

*

Der Tod ist, ebenso wie die Geburt, ein Geheimnis der Natur, hier Verbindung, dort Auflösung derselben Grundstoffe, nichts, das dem Wesen eines vernünftigen Geschöpfes oder seiner Konstitution widerspricht.

*

Als ein Teil des Ganzen hast du bisher gelebt und wirst im Ganzen wieder aufgehen oder als neuer Lebenskeim wiederkommen.

*

Viele Weihrauchkörner sind für denselben Altar bestimmt, die einen fallen früher, die anderen später ins Feuer. Aber dies macht keinen Unterschied.

*

Tue nicht, als wenn du Tausende von Jahren zu leben hättest. Der Tod schwebt über dir. Solange du noch lebst, solange du noch kannst, sei ein rechtschaffener Mensch.

*

Es ist ein gewöhnliches, aber wirksames Hilfsmittel zur Todesverachtung, sich jene vorzustellen, die sich zäh ans Leben klammerten. Was haben sie denen voraus, die früher gestorben sind? Mache also nicht so viel Aufhebens davon! Schau auf das Unermeßliche der Zeit hinter dir und auf eine andere Unendlichkeit vor dir! Was ist denn da noch für ein Unterschied zwischen einem, der drei Tage, und einem anderen, der drei Menschenalter gelebt hat?

*

Alexander von Mazedonien und sein Maultiertreiber haben nach ihrem Tode dasselbe Schicksal erfahren.

*

Der Tod ist das Ende von den Widersprüchen der sinnlichen Wahrnehmungen, von den Aufregungen der Triebe, vom Denken und vom Körper.

*

Ist der Tod Zerstreuung oder Auflösung in Atome oder eine Vernichtung, er ist ein Aufhören oder ein Übergang.

*

Alles ist eine Beute des Todes! Auch ganze Familien. Auf so manchem Grabmal steht: der Letzte seines Geschlechts. Bedenke, wie sehr ihre Vorfahren um einen Nachkommen besorgt waren, und doch musste notwendig einer der letzte sein. Ganze Völker sind schon ausgestorben.

*

Wer sich vor dem Tod fürchtet, fürchtet sich entweder vor dem Aufhören jeglicher Empfindung oder vor einem Wechsel des Empfindens. Wenn man nun gar nichts mehr fühlt, so wird man auch kein Übel mehr fühlen. Bleibt aber eine andere Art des Empfindens, so werden wir zu anderen Wesen und hören nicht auf zu leben.

*

Verachte den Tod nicht, trete ihm entgegen als einem Glied in der Kette der natürlichen Veränderungen. Denn jung sein und altern, heranwachsen und mannbar werden, Zähne, Bart und graue Haare bekommen, zeugen, schwanger werden und gebären und die anderen natürlichen Lebenszeichen enden in der Auflösung. Daher begegnet ein denkender Mensch dem Tod weder abwehrend noch übermütig, sondern als Natürlichem.

*

Wer das, was die Zeit schickt, für gut hält, egal ob ob es eine größere oder kleinere Zahl vernünftiger Handlungen betrifft, wer zwischen einem länger oder kürzer dauernden Leben keinen Unterschied macht, der sieht dem Tod nicht mit Schrecken entgegen.

*

Bei der Prüfung jedes einzelnen Gegenstandes, womit du zu tun hast, frage dich selbst: Ist der Tod etwas Schreckliches, weil er dich dieses Dinges beraubt?

Leben

Unser Ziel ist das Ende unseres Lebens. Wie aber sollen wir leben zwischen Anfang und Ende?

Marc Aurel sagt über das Leben:

Betrachte jeden Tag, als könnte er der letzte sein.

*

Die Dauer des menschlichen Lebens ist ein Augenblick, das Wesen ein beständiger Strom, die Empfindung eine dunkle Erscheinung, der Leib eine verwesliche Masse, die Seele ein Kreisel, das Schicksal ein Rätsel, der Ruf etwas Unentschiedenes. Kurz, was den Körper betrifft, ist ein schneller Fluss, was die Seele angeht, sind Träume und Dunst, das Leben ist ein Krieg, eine Haltestelle für Reisende, der Nachruhm ist Vergessenheit. Was kann uns da sicher leiten? Nur eins: die Philosophie. Und ein Philosoph sein heißt: den Genius in uns vor jeder Schmach, vor jedem Schaden bewahren, die Lust und den Schmerz besiegen, nichts dem Zufall überlassen, nie zur Lüge und Verstellung greifen, fremden Tun und Lassens nicht bedürfen, alle Begegnungen und Schicksale als von daher kommend aufnehmen, von wo wir selbst ausgegangen sind, endlich den Tod mit Herzensfrieden erwarten und darin nichts anderes sehen als die Auflösung in die Urstoffe, woraus jedes Wesen zusammengesetzt ist. Das ist ja naturgemäß, und was mit der Natur übereinstimmt, ist kein Übel.

*

Drei Teile sind es, woraus du bestehst: Körper, Lebensgeist, Denkvermögen. Für die beiden ersten bis du selbstverantwortlich, mit dem dritten kannst du deine Weltschau beeinflussen, so dass es von dir abhängt, ob du dein Leben bis zum Tod ruhig, edel und dem Geist dir entsprechend verbringst.

*

Bald wirst du tot sein, und trotzdem befürchtest du unglückliche Beeinflussung durch Äußerlichkeiten und versäumst dabei, dich wohlwollend gegen jedermann zu verhalten und Weisheit allein in rechten Taten zu suchen.

*

Gedanken färben die Seele.

*

Alles beruht auf Meinung.

*

Die Vernunft und die Kunst, vernünftig zu leben, sind Kräfte, die geradewegs zum Ziel führen.

*

Denke stets daran, wie viele Menschen aus allen Ständen, aus allerlei Berufen und aus allen Völkern bereits gestorben sind. Von diesen allen stelle dir vor, dass sie schon längst im Grab liegen. Was ist für sie furchtbar daran? Was für jene, deren Namen überhaupt nicht mehr genannt werden? Wert hat nur, an Wahrheit und Gerechtigkeit haltend durch das Leben zu gehen und selbst gegen Lügner und Ungerechte wohlwollend zu sein.

*

Sieh dich nicht nach den leitenden Grundsätzen anderer um, sondern schaue vielmehr geradewegs auf das Ziel, zu dem die Natur dich hinführt, sowohl durch das, was dir widerfährt, als durch deine Verantwortlichkeit. Jeder hat sich nach seiner Veranlagung zu richten. Dazu gehören der Hang zur Geselligkeit und die Fähigkeit, Sinnenreizen zu widerstehen sowie eine von der Vernunft gesteuerte Urteilsfähigkeit, die weder blindlings zustimmt, noch sich täuschen lässt.

*

Als ob du schon gestorben wärst und nicht länger leben solltest, musst du die Zeit, die dir wie zum Überfluss bleibt, der Natur gemäß leben.

*

Bei allem, was dir begegnet, habe jene vor Augen,

denen dasselbe begegnete, und die sofort Beschwerden, Befremden und Klagen darüber äußerten. Wo sind sie jetzt? Sie sind nicht mehr. Und du wolltest es ihnen nachmachen und nicht solche Gemütsbewegungen denen überlassen, die auf solche Weise sich und andere aufregen, dich selbst dagegen ganz damit beschäftigen, wie du diese Vorfälle zu nutzen hast? Sei aufmerksam und strebe an, bei allem, was du tust, in deinen eigenen Augen ein rechtschaffener Mensch zu sein und kümmere dich nicht um gleichgültige Dinge.

*

Arbeite an deinem Innern. Da ist die Quelle des Guten, eine nie versiegende Quelle, wenn du sie nicht austrocknen lässt.

*

Die Lebenskunst hat mit der Fechtkunst mehr Ähnlichkeit als mit der Tanzkunst, insofern man auch auf unvorhergesehene Streiche gerüstet sein und unerschütterlich fest stehen muss.

*

Sittliche Vollkommenheit ist, wenn man jeden Tag, verbringt, als wäre er der letzte, fern von Aufregung, Erschlaffung und Verstellung.

*

Sich über die Welt aufzuregen, weil sie ist, wie sie

ist, ist ebenso lächerlich wie sich über einen Feigenbaum aufzuregen, dass er Feigen trägt.

*

Du handelst nicht gegen deine Freiheit, wenn du deine Meinung änderst und dem, der sie korrigiert, nachgibst. Denn auch dann handelst du nach deinem Willen und Urteil und sogar in deinem Sinn.

*

Was stirbt, kommt nicht aus der Welt. Wenn es hier bleibt, so verwandelt es sich auch hier und wird in seine Grundstoffe aufgelöst, die es mit der Welt und mit dir gemeinsam hat. Auch die Elemente selbst verwandeln sich.

*

Alles, was du siehst, wird sich bald verändern, und die, welche diese Veränderungen sehen, werden selbst auch sehr bald vergehen, und wer in hohem Alter stirbt, wird einem früh Verstorbenen nichts voraushaben.

*

Genug des elenden Lebens, des Murrens und des lächerlichen Benehmens. Was beunruhigt dich? Was findest du hier so unerhört? Was macht dich ängstlich? Die ursächliche Kraft der Dinge? Beobachte sie nur! Aber vielleicht der Stoff?

Schau ihn nur an! Außer diesen aber gibt es ja nichts. Es ist es ja einerlei, ob du hundert oder nur drei Jahre lang den Lauf der Welt betrachtest.

*

Bei Erfüllung deiner Pflicht soll dir nichts darauf ankommen, ob du vor Kälte starrst oder vor Hitze glühst, ob du schläfrig bist oder genug geschlafen hast, ob man dich tadelt oder lobt, ob du darüber dem Tode nahe kommst oder etwas anderes der Art zu leiden hast. Auch das Sterben ist ja eine von den Aufgaben unseres Lebens. Genug also, wenn du auch sie glücklich löst, sobald du sie vor dir hast.

*

Bei allem, was du tust, frage dich selbst: Wie steht es eigentlich für mich damit? Werde ich es zu bereuen haben? Bald bin ich tot, und alles ist dahin. Was kann ich aber mehr verlangen, wenn meine gegenwärtige Art zu handeln eines vernünftigen und geselligen Wesens entspricht?

*

Einst gebräuchliche Worte sind jetzt unverständliche Ausdrücke. So geht es auch mit den Namen ehemals hochgepriesener Männer. Alles vergeht und wird bald zum Märchen und sinkt rasch in völlige Vergessenheit. Und dies gilt von denen, die einst so wunderbar geglänzt haben. Denn die übrigen, wenn sie kaum den Geist ausgehaucht haben, schwinden unrühmlich dahin, weder gehört noch gesehen. Was wäre aber auch eigentlich ein ewiger Nachruhm? Ein völliges Nichts. Was ist es also, worauf wir unsere ganze Sorge lenken müssen? Nur das eine: eine gerechte Sinnesart, gemeinnütziges Handeln, beständige Wahrheit im Reden und eine Gemütsstimmung, alles, was uns zustößt, mit Ergebung hinzunehmen, wie eine Notwendigkeit, eine bekannte Sache, die mit uns eine Quelle und Ursprung hat.

*

Auch das bewahrt dich vor eitler Ruhmgier, dass du nicht dein ganzes Leben, zumal nicht von Jugend auf, hast hinbringen können, wie es einem Philosophen geziemt, sondern vielen anderen, wie dir selbst, als ein Mensch erschienen bist, der weit von der Philosophie entfernt ist. Ein Makel also hängt dir an, und es ist dir mithin nicht mehr leicht, den Ruhm eines Philosophen zu gewinnen. Aber auch deine Lebensstellung ist dir dabei hinderlich. Wofern du nun in Wahrheit eingesehen hast, worin die Hauptsache liegt, so lass einmal allen Dünkel fahren und dann begnüge dich damit, den Rest deines Lebens dem Willen der Natur gemäß hinzubringen. Erwäge demnach, was sie fordert und lass dich durch nichts davon abbringen.

*

Wie von einer Anhöhe aus betrachte die

unzähligen Volkshaufen mit ihren unzähligen Religionsgebräuchen, die Seefahrten nach allen Richtungen unter Stürmen und bei ruhiger See und die Verschiedenheiten zwischen den werdenden, mit uns lebenden und dahinschwindenden Wesen. Betrachte auch die Lebensweise, wie sie früher war, wie sie nach dir sein wird und wie sie jetzt unter unkultivierten Völkerschaften herrscht. Ferner, wie viele nicht einmal deinen Namen kennen, wie viele ihn gar bald vergessen, wie viele, jetzt vielleicht deine Lobredner, demnächst deinen Tadel anstimmen werden, und wie weder der Nachruhm noch das Ansehen noch sonst etwas von allem, was dazu gehört, Beachtung verdient.

*

Rufe dir immerfort diejenigen wieder ins Gedächtnis zurück, die sich über irgendetwas, zum Beispiel über widrige Zufälle und Feindseligkeiten, gar zu sehr betrübt oder die durch die größten Ehrenstellen oder durch andere Glücksumstände großes Aufsehen erregt haben. Dann frage dich: Wo ist jetzt das alles? Rauch ist es und Asche, ein Märchen oder auch nicht einmal mehr eine Mär. Vergegenwärtige dir auch so vieles andere der Art und überhaupt alle, die von Leidenschaften besessen waren. Bedenke, wie geringfügig jeder Gegenstand ihrer Bestrebungen gewesen und wieviel philosophischer es wäre, sich bei jeder dargebotenen Gelegenheit gerecht, besonnen und ohne Übertreibung zu zeigen. Denn der Hochmut, der sich mit scheinbarer Demut brüstet, ist der Unerträglichste.

*

Betrachte, von welcher Beschaffenheit die Gesinnungen der Ruhmsüchtigen sind, und was sie einerseits meiden und anderseits erstreben. Bedenke ferner, gleichwie die früheren Sandhügel verdeckt werden, sobald neuer Sand über sie hinweg getrieben wird, so wird auch im Leben das Frühere vom Späteren bald bedeckt.

*

Auf, benutze die gegenwärtige Zeit. Denn diejenigen, die mehr dem Nachruhm nachgehen, bedenken nicht, dass die kommenden Geschlechter ebenso beschaffen sein werden wie die jetzigen, über die sie sich beschweren. Auch jene sind ja sterblich. Überhaupt, was kümmert es dich, wenn unter ihnen diese und jene Stimmen über dich laut werden oder sie diese und jene Meinung von dir haben?

*

Alles Schöne, von welcher Art es auch sein mag, ist an und für sich schön, es ist in sich selbst vollendet, und das Lob bildet keinen Bestandteil seines Wesens. Das Lob macht einen Gegenstand weder schlechter noch besser. Das Gesagte gilt von allem, was man im gemeinen Leben schön nennt, wie zum Beispiel von den Erzeugnissen der Natur und der Kunst. Was wahrhaft schön ist, bedarf keines Lobes, ebenso wenig wie das Gesetz, ebenso wenig wie die Wahrheit, ebenso wenig wie das Wohlwollen, wie die Sittsamkeit.

*

Bald wirst du alles vergessen haben, und bald wirst auch du bei allen in Vergessenheit sein.

*

Wünschst du wohl von einem Menschen gelobt zu werden, der in einer Stunde dreimal sich selbst verflucht? Oder wolltest du wohl dem gefallen, der sich selbst nicht gefällt? Oder gefällt der sich selbst, der beinahe alle seine Handlungen bereut?

*

Sei wie ein Fels, an dem sich beständig die Wellen brechen: Er steht fest und dämpft die Wut der ihn umbrausenden Wogen. Ich Unglückseliger, sagt jemand, dass mir dieses oder jenes widerfahren musste! Nicht doch! Sondern sprich: Wie glücklich bin ich, dass ich trotz diesem Schicksal kummerlos bleibe, weder von der Gegenwart gebeugt noch von der Zukunft geängstigt! Dasselbe hätte ja jedem andern so gut wie mir begegnen können, aber nicht jeder hätte es ohne Kummer ertragen können. Warum wäre nun jenes eher ein Unglück als dieses ein Glück? Kann man überhaupt ein Unglück nennen, was den Endzweck der Natur des Menschen nicht unerfüllt lässt, oder scheint dir etwas der Natur des Menschen zu widersprechen, was nicht gegen den Willen seiner Natur ist?

*

Die Fähigkeit, ein glückliches Leben zu führen, ist in unserer Seele vorhanden, sie darf nur gegen gleichgültige Dinge sich wirklich auch gleichgültig verhalten. Und sie wird sich alsdann so verhalten, wenn sie jedes von ihnen teilweise und im Ganzen betrachtet und sich erinnert, dass kein Ding uns zwingen kann, so oder anders davon zu urteilen, dass die Gegenstände nicht zu uns kommen, sondern unbeweglich stehen bleiben, vielmehr wir es sind, die die Vorstellungen von ihnen erzeugen und uns diese gleichsam selbst einprägen, während es uns doch freisteht, dieses Urteil darüber uns nicht zu bilden oder auch, wenn es sich etwa bei uns schon eingeschlichen hat, es sogleich wieder zu tilgen. Und einer solchen Vorsichtsmaßregel wird es nur auf kurze Zeit bedürfen, da unser Leben bald aufhören und dieser Besorgnis ein Ende machen wird. Was hat demnach dieses richtige Verhalten für große Schwierigkeiten? Denn, ist es naturgemäß, so freue dich dessen, und es muss dir leicht sein; ist es aber naturwidrig, so untersuche, was deiner Natur gemäß ist, und strebe dann danach, auch wenn es dir keinen Ruhm einbringt. Jedem ist gestattet, sein eigenes Wohl zu suchen.

*

Glücklich sein heißt, einen guten Geist haben oder gut sein.

*

Wenn du des Morgens nicht gern aufstehen magst, so denke: Ich erwache, um als Mensch zu wirken. Warum sollte ich mit Unwillen das tun, wozu ich geschaffen und in die Welt geschickt bin? Bin ich denn geboren, um im warmen Bette liegen zu bleiben? Diejenigen, die ihr Handwerk lieben, arbeiten sich dabei ab, vergessen das Bad und die Mahlzeit. Du aber achtest deine Natur weniger hoch als der Erzgießer seine Bildformen, der Tänzer seine Sprünge, der Geizhals sein Geld, der Ehrgeizige sein bisschen Ruhm? Auch diese versagen sich den Gegenständen ihrer Leidenschaft zuliebe eher Nahrung und Schlaf, als dass sie es weiter zu bringen suchen in dem, was für sie so anziehend ist. Dir aber erscheinen gemeinnützige Handlungen geringfügiger und der Anstrengung nicht so wert.

*

Arbeite nicht, als wärst du dabei unglücklich oder um bewundert oder bemitleidet zu werden. Wolle vielmehr nur das eine, deine Kraft in Bewegung setzen oder zurückhalten, so wie es das Gemeinwesen erfordert.

*

Wie man sagt: Der Arzt hat diesem Kranken das Reiten oder ein kaltes Bad oder das Barfußgehen verordnet, so kann man ähnlich sagen: Die Natur hat diesem oder jenem eine Krankheit oder Verstümmelung oder einen Verlust oder etwas anderes der Art verordnet. In ähnlicher Weise sagen wir, dass etwas für uns passend ist, wie die Baukünstler von den Quadersteinen in den Mauern oder Pyramiden sagen, sie passen, wenn sie in einer gewissen symmetrischen Verbindung stehen. Im Großen und Ganzen waltet eine einheitliche Übereinstimmung, und gleichwie aus allen Körpern zusammengenommen die Welt ein so vollendeter Körper wird, so wird auch aus allen wirkenden Ursachen zusammengenommen jene höchste ursächliche Kraft, das Schicksal. Denke dir das, was die Natur als Ziel bestimmt als etwas deiner Gesundheit Ähnliches und heiße alles, was geschieht, wenn es dir auch noch so hart erscheint, willkommen, weil es zum Ziel führt, nämlich zur Gesundheit der Welt und zum gedeihlichen Wirken. Aus zwei Gründen also musst du mit dem, was dir widerfährt, zufrieden sein: erstens, weil es dir bestimmt und verordnet wurde und in Verkettung mit einer langen Reihe vorhergegangener Ursachen auf dich irgendwie Bezug hatte zweitens, weil es für den Beherrscher des Ganzen der Grund seines gedeihlichen Wirkens, seiner Vollkommenheit, ja sogar seiner Fortdauer ist. Denn das Weltganze würde verstümmelt werden, wenn du aus dem Zusammenhang und Zusammenhalt wie der Bestandteile auch aus den wirkenden Ursachen nur das Geringste heraustrennen wolltest. Du trennst es aber heraus, wenn du damit unzufrieden bist und es gewissermaßen wegzuräumen suchst.

*

Lass dich nicht durch die Betrachtung deines Lebens in seiner Gesamtheit entmutigen! Fasse nicht alle Unannehmlichkeiten, die dir vielleicht noch begegnen könnten, nach Beschaffenheit und Menge auf einmal in Gedanken zusammen, sondern frage dich vielmehr bei jeder einzelnen Unannehmlichkeit, wenn sie da ist: Was ist denn daran eigentlich nicht zu ertragen und auszuhalten? Denke ferner daran, dass weder das Zukünftige noch das Vergangene, sondern immer nur das Gegenwärtige dir lästig werden kann, des letzteren Last aber gemildert wird, wenn du erwägst, wie kurz es ist, und wenn du deiner denkenden Seele die Schwäche vorhältst, dass sie nicht einmal eine kleine Bürde aushalten könne.

*

Entweder hast du von Natur Kraft genug, jedes dir

begegnende Geschick zu ertragen, oder dies ist dir unmöglich. Trifft dich nun ein Schicksal, so sei darüber nicht ungehalten, sondern brauche deine natürliche Kraft, um es zu ertragen, übersteigt es aber deine natürliche Kraft, so sei doch nicht unwillig, denn nachdem es dich verzehrt hat, wird es selbst aufgerieben werden. Denke jedoch daran, dass du von Natur die Kraft hast, alles zu ertragen, was in deiner Macht steht, damit umzugehen.

*

Beklagst du dich über irgendetwas, so hast du vergessen, dass alles sich der Natur gemäß ereignet, und dass fremdes Vergehen dich nicht anfechten soll und ferner vergessen, dass alles, was geschieht, immer so geschehen ist, immer so geschehen wird und überall jetzt so geschieht, vergessen, welch innige Verwandtschaft zwischen dem einzelnen Menschen und dem ganzen Menschengeschlecht besteht. Denn hier findet nicht sowohl eine Gemeinschaft von Blut oder Samen als vielmehr Teil einerlei Geistes statt. Du hast aber auch vergessen, dass der denkende Geist eines jeden gleichsam sein Lenker ist, vergessen endlich, dass jeder nur den gegenwärtigen Augenblick lebt und folglich auch nur diesen verliert.

*

Alles, was geschieht, ist so gewöhnlich und

bekannt wie die Rose im Frühling und die Frucht zur Erntezeit. Dahin gehören also auch Krankheit und Tod, Verleumdung und Nachstellung und was sonst noch die Toren erfreut oder betrübt.

*

Bedenke oft die Verkettung aller Dinge in der Welt und ihr Verhältnis zueinander. Gewissermaßen sind sie ja alle miteinander verflochten und insofern alle untereinander verwandt. Denn das eine folgt aus dem andern, und zwar kraft des örtlichen Zusammenwirkens, der Übereinstimmung, und der Einheit der Körperwelt.

*

Füge dich in die Umstände, in die du durch dein Los versetzt bist, und den Menschen, mit denen das Schicksal dich zusammengeführt hat, erweise Liebe, aber aufrichtig.

*

Durch Essen, Trinken und durch Zaubermittel sind wir bemüht, das Schicksal abzuwehren und den Tod, doch müssen wir den Fahrwind, der von oben weht, sei es auch mit vielem Leid, hinnehmen ohne Klage.

*

Hast du schon einmal eine abgeschnittene Hand oder einen abgehauenen Fuß oder Kopf, vom übrigen Körper getrennt, daliegen sehen? Gerade so nimmt sich derjenige aus, der über sein Schicksal unwillig wird, sich von anderen absondert oder sich gemeinschädliche Handlungen erlaubt. Du hast dich so gewissermaßen ausgestoßen, von der naturgemäßen Einheit getrennt. Denn als ein Teil warst du ihr einverleibt und hast dich nun selbst davon abgesondert.

*

Entweder herrscht ein unvermeidlich notwendiges Schicksal und eine unverletzliche Ordnung der Dinge oder eine versöhnliche Vorsehung oder ein verworrenes, blindes Ungefähr. Herrscht nun eine unveränderliche Notwendigkeit, warum sträubst du dich dagegen? Herrscht aber eine Vorsehung, die sich versöhnen lässt, so nimm sie entgegen. Herrscht ein blinder Zufall, so erfreue dich an dem Gedanken, dass du mitten in solch einem Wogensturm in dir selbst an der Vernunft eine Lenkerin hast. Und wenn dich auch die Strömung ergreift, so mag sie das bisschen Fleisch und Lebensgeist und alles andere mit sich fortreißen. Die Vernunft kann sie nicht wegnehmen.

*

Das meiste von dem, was die Menge bewundert, gehört zu den gewöhnlichsten Dingen der Welt: Gegenstände von festem und natürlichem Zusammenhalt; dahin gehören Steine und Holzarten, wie Feigenbäume, Weinstöcke, Ölbäume. Andere, schon von etwas höherem Sinn, lieben beseelte Gegenstände wie Herden von Klein- und Großvieh. Leute von noch höherer Bildung schätzen Wesen, die eine gebildete Seele haben, nicht sowohl, eine weltbürgerliche, als vielmehr eine zu Künsten aufgelegte oder sonst wie gewandte Seele. Leute dieser Art legen oft einen hohen Wert auf den Besitz einer Menge von Sklaven. Wer aber eine vernünftige, welt- und staatsbürgerliche Seele hochachtet, der hat kein anderes Interesse mehr. Dagegen sucht er seine eigene Seele in vernünftiger und gemeinnütziger Verfassung und Tätigkeit zu erhalten und hierzu auch den Mitgenossen seines Geschlechts behilflich zu sein.

*

Lass also dein bisschen Ruhm fahren. Was bleibt aber wirklich Achtungswürdiges übrig? Mich dünkt dieses: deiner eigentümlichen Naturanlage gemäß dich zu rühren und an dich zu halten. Und darauf leiten auch die Gewerbe und die Künste hin. Denn jede Kunst hat das Ziel im Auge, ihr Erzeugnis dem Zweck anzupassen, für den es hervorgebracht worden ist. Dies beabsichtigt der Gärtner, indem er den Weinstock pflegt, dies der Rossebändiger und der Hundewärter. Erziehung aber und Unterricht der Jugend, worauf zielen diese hin? Hier liegt also das Achtungswürdige. Bist du von dieser Wahrheit überzeugt, so wirst du dir um andere Dinge keine Sorge machen, und warum willst du nicht aufhören, so viele andere Dinge hochzuachten? Dadurch kannst du eben kein freier, selbstgenügsamer, leidenschaftsloser Mensch sein. Denn so musst du gegen diejenigen neidisch, eifersüchtig, argwöhnisch werden, die dir jene Dinge entziehen können, und denen nachstellen, die das von dir Hochgeachtete besitzen. Überhaupt muss der, dem etwas davon fehlt, in Verwirrung geraten und mit dem Schicksal hadern. Dagegen wird die Ehrerbietung und Hochachtung gegen deine eigene denkende Seele dich mit dir selbst zufrieden, deinen Nebenmenschen wohlgefällig und mit der Natur einträchtig machen, das heißt, du wirst alles, was ihnen gefällt, dir zuzuschicken, mit Dank annehmen.

*

Denke nicht an den notwendigen Besitz der dir fehlenden Güter, vielmehr an das, was jetzt noch für dich da ist, und wähle dir unter den vorhandenen Gütern die liebsten aus und erinnere dich, welche Anstrengungen du ihrethalben machen würdest, um sie zu erlangen, wenn sie dir fehlten. Jedoch hüte dich zugleich, dass dieses Wohlgefallen daran dich nicht an ihre Überschätzung gewöhne, denn sonst müsste ihr einstiger Verlust dich nur beunruhigen.

*

Siehst du nicht, wie die Künstler sich bis auf einen gewissen Grad nach dem Geschmack der Ungebildeten richten, jedoch nichtsdestoweniger an den Vorschriften ihrer Kunst festhalten und von diesen sich nicht abbringen lassen? Ist es nicht schmachvoll, dass der Baukünstler und der Arzt vor den Gesetzen seiner Kunst mehr Achtung hat als der Mensch vor den Gesetzen seiner Vernunft?

*

Was ist Schlechtigkeit? Nichts anderes als was du schon oft gesehen hast. Und so denke denn bei jeder Begegnung sogleich: Es ist nur etwas, was du schon oft gesehen hast. Dann wirst du finden, dass alles, wovon die Jahrbücher der alten, mittleren und neueren Geschichte und wovon auch jetzt noch Staaten und Familien voll sind, in jeglicher Hinsicht ganz das nämliche ist. Nichts Neues, alles gewöhnlich und kurz dauernd.

*

Warum dich durch die Außendinge zerstreuen? Nimm dir Zeit, etwas Gutes zu lernen und höre auf, dich wie im Wirbelwind umhertreiben zu lassen. Hüte dich noch vor einer andern Verirrung, denn es ist auch Torheit, sich das Leben durch zwecklose Handlungen schwer zu machen. Man muss ein Ziel haben, auf das sich alle unsere Wünsche, alle unsere Gedanken richten.

*

Die Kunst, die du gelernt hast, sei dir lieb, da musst du verweilen. Den Rest deines Lebens verbringe als ein Mensch, der sich weder zu irgendeines Menschen Tyrannen noch Sklaven macht.

*

Wie du am Ende deines Lebenslaufes wünschest gelebt zu haben, so kannst du jetzt schon leben. Gestattet man dir aber das nicht, dann verlass das Leben, jedoch so, als sei dir kein Übel widerfahren. Raucht es irgendwo, so gehe ich weg. Warum scheint dir das so schwer zu sein? Solange mich indes nichts der Art vertreibt, bleibe ich freiwillig da, und niemand soll mich hindern zu tun, was ich will. Mein Wille aber ist der Natur eines vernünftigen und geselligen Wesens gemäß.

*

Wie leicht ist es, jede verdrießliche oder unziemliche Vorstellung von sich abzuwehren und zu unterdrücken und sogleich wieder in vollkommener Gemütsruhe zu sein.

*

Wir alle wirken zusammen auf ein Ziel hin, die einen mit Bewusstsein und Einsicht, die anderen unbewusst. Ja sogar die Schlafenden sind Arbeiter und Mitarbeiter an dem, was in der Welt geschieht. Jeder aber arbeitet auf andere Art mit, selbst der

Tadler wirkt viel, der dem, was geschieht, entgegenzutreten und es, wenn möglich, zu beseitigen sucht. Denn auch eines solchen Menschen bedurfte die Welt. Siehe du nun übrigens zu, welchen du dich anschließen willst.

*

Vor allen Dingen lass dich nicht beunruhigen; alles geht ja doch so, wie es der Natur des Ganzen gemäß ist. Noch eine kurze Zeit – und du wirst nicht mehr sein. Demnächst fasse deine Lebensaufgabe unverwandt ins Auge und erinnere dich dessen, dass du ein guter Mensch sein sollst, und was die Natur des Menschen von dir fordert, das tue unverzagt und rede auch nur, was dir als durchaus gerecht erscheint, aber immer auf eine bescheidene, ruhige und ungeheuchelte Weise.

*

Wessen Lebensziel nicht stets ein und dasselbe ist, der kann auch selbst nicht sein ganzes Leben hindurch ein und derselbe sein. Doch – das Gesagte ist noch nicht hinreichend, wenn man nicht auch das noch hinzufügt, von welcher Art jenes Ziel eigentlich sein muss. Denn gleichwie nicht alle Menschen von den Gütern, die allgemein irgendwie dafür gehalten werden, die gleiche Ansicht haben, sondern nur von gewissen, das heißt den allgemein gültigen, so darf man sich auch nur ein solches Ziel setzen, das von allen für gut gehalten wird und dem Gemeinwohl entspricht. Denn wer auf dieses Ziel mit allen seinen Kräften hinarbeitet, der wird allen seinen Handlungen Gleichförmigkeit verleihen und insofern stets ein und derselbe bleiben.

*

Wer nicht weiß, was die Welt ist, der weiß auch nicht, wo er lebt. Wer aber den Zweck seines Daseins nicht kennt, der weiß weder, wer er selbst noch was die Welt ist. Wem aber diese Kenntnis fehlt, der kann auch seine eigene Bestimmung nicht angeben. In welchem Lichte erscheint dir nun ein Mensch, der die Lästerung derer fürchtet oder um den lauten Beifall derer buhlt, die nicht wissen, wo oder wer sie selbst sind?

*

Alles trägt seine Frucht. Sowohl der Mensch als auch die Welt bringen Frucht hervor, und zwar ein jegliches zu seiner Zeit. Mag auch der herrschende Sprachgebrauch diesen Ausdruck nur beim Weinstock und bei ähnlichen Gegenständen anwenden – gleichviel. Auch die Vernunft trägt Frucht fürs Ganze und für den einzelnen. Und aus dieser Frucht gehen andere Erzeugnisse derselben Art hervor, wie die Vernunft.

*

Was ich auch immer sein mag, es ist doch nur ein

wenig Fleisch, ein schwacher Lebenshauch und die leitende Vernunft. Lass die Bücher, die Zerstreuung, es fehlt dir die Zeit. Betrachte dich als einen, der im Begriff ist zu sterben, verachte dieses Fleisch: Blut, Knochen, ein zerbrechliches Gewebe, aus Nerven, Adern zusammengeflochten. Betrachte diesen Lebenshauch selbst. Was ist er? Nur Wind, und nicht einmal immer derselbe, sondern jeden Augenblick ausgeatmet und wieder eingeatmet. Das Dritte ist die gebietende Vernunft. Auf folgendes musst du bedacht sein: Du bist alt. Gib nicht mehr zu, dass sie eine Sklavin sei, dass sie durch einen wilden Trieb dahingerissen werde oder gegen das jetzige Geschick murre oder durch das künftige erschüttert werde.

*

Unser Leben ist flüchtig, das deinige ist fast schon am Ziele, und du hast keine Achtung vor dir, denn du suchst deine Glückseligkeit in den Seelen anderer.

*

All dein Tun und Denken sei so beschaffen, als solltest du möglicherweise im Augenblick aus diesem Leben scheiden. Aus der Mitte der Menschen zu scheiden, hat nichts Schreckliches, wenn es Götter gibt, denn sie werden dich nicht dem Unglück preisgeben. Gibt es hingegen keine Götter oder kümmern sie sich nicht um die menschlichen

Angelegenheiten, was liegt dann daran, in einer Welt ohne Götter und ohne Vorsehung zu leben? Tod und Leben, Ehre und Unehre, Schmerz und Vergnügen, Reichtum und Armut, alle diese Dinge mögen den Bösen wie den Guten ohne Unterschied zuteil werden, denn sie sind an sich weder ehrbar noch schändlich, sind also in Wahrheit weder ein Gut noch ein Übel.

*

Und wenn du dreitausend Jahre lebtest, selbst dreißigtausend, so erinnere dich dennoch, dass keiner ein anderes Leben verliert als das, was er wirklich lebt, und kein anderes lebt, als das, was er verliert. Das längste Leben kommt also mit dem kürzesten auf eins hinaus. Der gegenwärtige Zeitpunkt ist für alle von gleicher Dauer, welche Ungleichheit es auch in der Dauer des Vergangenen geben mag, und den man verliert, erscheint nur wie ein Augenblick. Niemand kann weder die Vergangenheit noch die Zukunft verlieren, denn wie sollte man ihm das rauben können, was er nicht besitzt? Man muss sich also diese beiden Wahrheiten merken, die eine, dass alles sich im ewigen, unveränderlichen Kreislauf befindet, und dass es unwichtig ist, dieselben Dinge hundert oder zweihundert Jahre oder eine grenzenlose Zeit zu beobachten. Die andere, dass der im höchsten Lebensalter und der sehr jung Sterbende beide das gleiche verlieren. Sie verlieren nur den gegenwärtigen Zeitpunkt, weil sie nur diesen allein besitzen und weil man das, was man nicht besitzt, nicht verlieren kann.

*

Hippokrates, der so viele Krankheiten geheilt hatte, wurde selbst krank und starb. Alexander und Pompejus und Gaius Cäsar, die ganze Städte massenhaft von Grund aus zerstört und unzählbare Mengen von Reitern und Fußvolk in den Schlachten niedergemetzelt hatten, verloren endlich ebenfalls ihr Leben. Was will ich damit sagen? Du hast dich eingeschifft, bist durch das Meer gefahren, bist im Hafen: steige nun aus! Ist es in ein anderes Leben, so fehlen ja nirgends die Götter, auch dort nicht! Ist es dagegen, um nichts mehr zu fühlen, so enden deine Schmerzen und deine Vergnügungen, deine Einschließung in ein Gefäß, das um so unwürdiger ist, als derjenige, der darin lebt, weit edler ist. Denn dieser ist die Vernunft, dein Genius, jener nur Erde und Verwesung.

*

Bedenke unter anderem, dass wir nur die gegenwärtige Zeit leben, die ein unmerklicher Augenblick ist. Die übrige Zeit ist entweder schon verlebt oder ungewiss. Unser Leben ist also etwas Unbedeutendes, unbedeutend auch der Erdenwinkel, wo wir leben, unbedeutend endlich der

Nachruhm, selbst der andauerndste, er pflanzt sich fort durch eine Reihe schnell dahinsterbender Menschenkinder, die nicht einmal sich selbst kennen, geschweige denn jemanden, der längst vor ihnen gestorben ist, kennen sollten.

*

Schweife nicht mehr ab! Denn du wirst keine Zeit haben, weder deine eigenen Denkwürdigkeiten noch die alten Geschichten der Römer und Griechen noch die Auszüge aus Schriftstellern durchzulesen, die du für dein Alter zurückgelegt hast. Strebe also zum Ziel, gib leere Hoffnungen auf und komm, solange du es noch kannst, dir selber zu Hilfe, wenn du dich selbst einigermaßen lieb hast.

*

Was wünschst du? Länger zu leben? Das heißt zu empfinden? Dich zu bewegen? Zu wachsen? Wiederum still zu stehen? Deine Stimme zu gebrauchen? Nachzudenken? Was von allem diesem scheint dir so wünschenswert? Ist aber eines wie das andere geringfügig, so wende dich dem letzten Ziele zu, dem Gehorsam gegen die Vernunft und gegen die Gottheit. Der Verehrung dieser widerspricht es jedoch, wenn man sich von dem Gedanken gedrückt fühlt, durch den Tod der erstgenannten Dinge beraubt zu werden.

*

O Mensch, du bist in dieser großen Stadt Bürger gewesen, was liegt daran, ob fünf oder dreißig Jahre? Was den Gesetzen gemäß ist, ist für niemand hart. Was ist es denn Schreckliches, wenn du nicht durch einen Tyrannen, nicht durch einen ungerechten Richter, nein, durch eben die Natur, die dich in diesen Staat eingeführt hat, wieder hinaus gesandt wirst? Es ist nichts anderes, als wenn ein Schauspieler durch denselben Prätor, der ihn angestellt hat, wieder entlassen wird. – »Aber ich habe nicht fünf Akte gespielt, sondern erst drei.« – Wohl gesprochen; doch im Leben sind drei Akte schon ein ganzes Stück. Denn den Schluss bestimmt derjenige, der einst das Gesamtspiel einrichtete und es heute beendet; weder das eine noch das andere hängt von dir ab. So scheide denn freundlich von hier; auch er, der dich entlässt, ist freundlich.

*

Alles geht in einem Tage dahin, sowohl der Rühmende als der Gerühmte.

*

Betrachte unaufhörlich, wie alles Werdende kraft einer Umwandlung entsteht, und gewöhne dich so an den Gedanken, dass die Natur nichts so sehr liebt, wie das Vorhandene umzuwandeln, um daraus Neues von ähnlicher Art zu schaffen; denn alles Vorhandene ist gewissermaßen der Same dessen, was aus ihm werden soll.

*

Die Zeit ist ein Fluss, ein ungestümer Strom, der alles fortreißt. Jegliches Ding, nachdem es kaum zum Vorschein gekommen, ist auch schon wieder fortgerissen, ein anderes wird herbeigetragen, aber auch das wird bald verschwinden.

*

Der eine hat diesen, der andere jenen bestattet und ist bald selbst bestattet worden, und das alles in so kurzer Zeit! – Siehe denn also im Ganzen genommen das Menschliche jeder Zeit als etwas Flüchtiges und Wertloses an! Was gestern noch im Keimen war, ist morgen schon einbalsamiertes Fleisch oder ein Haufen Asche. Durchlebe demnach diesen Augenblick von Zeit der Natur gemäß, dann scheide heiter von hinnen, gleich der gereiften Olive: Sie fällt ab, die Erde, ihre Erzeugerin, preisend und voll Dank gegen den Baum, der sie hervorgebracht hat.

*

Denke oft daran, wie schnell alles, was ist und geschieht, fortgerissen und entrückt wird. Ist ja doch das Wesen der Dinge in einem steten Fluss, und ihre Wirkungen sind einem unaufhörlichen Wechsel und deren Ursachen unzähligen Veränderungen unterworfen. Fast nichts hat Bestand, und uns nahe liegt jener gähnende Abgrund der Vergangenheit und Zukunft, in dem alles verschwindet.

*

Gleichwie, wenn ein Gott dir sagte: »Du musst morgen oder spätestens übermorgen sterben,« du wohl nicht so sehr darauf bestehen würdest, lieber übermorgen als morgen zu sterben, wofern du nicht etwa feige dächtest – denn wie kurz ist der Unterschied! – ebenso halte es für gleichgültig, ob du erst nach langen Jahren oder morgen schon stirbst.

*

Ich schreite vorwärts in meinem naturgemäßen Lauf, bis ich hinsinke und ausruhe und meinen Geist in dasselbe Element aushauche, aus dem ich ihn täglich einatme, und zur Erde zurückkehre, von der mein Vater den Zeugungsstoff, meine Mutter das Blut und meine Amme die Milch erhielt, von der ich täglich so viele Jahre hindurch Speise und Trank empfange, die mich trägt, während ich sie mit Füßen trete und so vielfach missbrauche.

*

Schändlich ist es, wenn deine Seele schon ermüdet, ohne dass der Leib schon müde ist.

*

Wie die Vorstellungen auf dem Amphitheater und an ähnlichen Plätzen als ein ewiges Einerlei für den Zuschauer dir widerstehen und das Gleichförmige derselben ihren Anblick dir überdrüssig macht, so erfährst du das gleiche im ganzen Leben. Denn über und unter dir hat alles dieselbe Natur und denselben Ursprung. Aber bis wie lange noch?

*

Wie viele, die mit mir zugleich in die Welt gekommen, sind bereits wieder daraus geschieden.

*

Wie viele Hochgepriesene sind bereits der Vergessenheit anheimgefallen! Und wie viele, die das Loblied jener angestimmt haben, sind schon längst nicht mehr da!

*

Alles Körperliche verschwindet gar bald im Urstoff des Ganzen, und jede wirkende Kraft wird gar bald in die Urvernunft des Ganzen aufgenommen. Aber ebenso schnell findet die Erinnerung an alles ihr Grab im ewigen Zeitenlauf.

*

Betrachte die Vergangenheit, die großen Veränderungen so vieler Reiche; daraus kannst du auch die Zukunft vorhersehen; denn sie wird durchaus gleichartig sein dem, was gewesen ist, und kann unmöglich von der Regel der Gegenwart abweichen. Daher ist es auch einerlei, ob du das menschliche Leben vierzig oder zehntausend Jahre hindurch erforschst; denn was würdest du Neues sehen?

*

Jene Scharfsinnigen, jene Seher oder jene aufgeblasenen Leute – wo sind sie? Alles Eintagsgeschöpfe und nun längst schon tot. Von einigen hat sich nicht einmal auf kurze Zeit ein Andenken erhalten. Andere Namen aber wurden zur Fabel, andere wiederum sind bereits auch aus der Reihe dieser verschwunden. Denke also daran, dass auch dein Körpergewebe sich auflösen, dein Geist verlöschen oder fortwandern oder anderswohin sich versetzen lassen muss.

*

Alles bleibt dasselbe, alltäglich in Rücksicht auf die Erfahrung, vorüber fliehend hinsichtlich der Zeit, verächtlich hinsichtlich des Stoffs. Alles, was jetzt ist, war ebenso bei denen, die wir beerdigt haben.

*

Wie Knabenzänkereien und Kinderspiele – so flüchtig sind unsere Lebensgeister, mit Leichnamen belastet. Was ist da die Totenfeier!

*

Denke öfters an die Ewigkeit und die ganze Weltmasse und daran, dass jedes Einzelwesen, mit dem All verglichen, als ein Feigenkörnchen, und, verglichen mit der unendlichen Zeit, als ein Augenblick erscheint, in dem man einen Bohrer umdreht.

*

Entweder lebst du hier fort und bist alsdann schon daran gewöhnt, oder du gehst fort von hier und wolltest dann eben das, oder du stirbst, und dann hast du deine Aufgabe erfüllt. Ein Viertes aber gibt es nicht. Sei also nur guten Mutes!

*

Erwäge beständig, dass alles, wie es jetzt ist, auch ehemals war, und dass es immer so sein wird. Stelle dir alle die gleichartigen Schauspiele und Auftritte, die du aus deiner eigenen Erfahrung oder aus der Geschichte kennst, vor Augen, überall dasselbe Schauspiel, nur von anderen Personen aufgeführt!

*

Denke, in welcher Beschaffenheit des Leibes und der Seele dich der Tod antreffen wird, sowie an die Kürze des Lebens, an den unermesslichen Zeitraum hinter dir und vor dir, an die Gebrechlichkeit allen Stoffes.

*

Noch eine kleine Weile – und dann wirst du selbst nicht mehr sein noch etwas von den Dingen, die du jetzt siehst, noch von den Menschen, die jetzt leben. Denn alles ist von Natur zur Umwandlung, zur Veränderung und zum Untergang bestimmt, damit anderes an seine Stelle rücke.

*

Welch kleines Teilchen der unendlichen und unermesslichen Zeit ist jedem von uns zugemessen und wie plötzlich wird es wieder von der Ewigkeit verschlungen! Was für ein winziges Teilchen ist der Mensch im Verhältnis zum Weltganzen, welch kleines Teilchen von der ganzen Weltseele! Wie klein ist endlich das Erdklümpchen, auf dem du umherkriechst! Dies alles bedenke und halte dann nichts für groß als das: zu tun, wie deine Natur dich leitet, und zu leiden, wie die Natur es mit sich bringt.

Gemeinschaft

Der Stoiker hat den Menschen als Individuum in der Gemeinschaft gesehen. Beide sind aufeinander angewiesen. Marc Aurel sagt über die Gemeinschaft:

Sage zu dir in der Morgenstunde: Heute werde ich mit einem ungehobelten, undankbaren, unverschämten, betrügerischen, neidischen, ungeselligen Menschen zusammentreffen. Ich aber habe klar erkannt, dass das Gute seinem Wesen nach schön und das Böse hässlich ist, dass der Mensch, der gegen mich ist, in Wirklichkeit mir verwandt ist, nicht weil wir von demselben Blut, derselben Abkunft wären, sondern weil wir gleichen Anteil an der Vernunft, an der Natur haben. Wir sind zur gemeinschaftlichen Wirksamkeit geschaffen. Darum ist die Feindschaft der Menschen untereinander wider die Natur. Unwillen aber und Abscheu in sich zu fühlen ist Feindseligkeit.

*

Verbringe den Rest deines Lebens nicht in Gedanken an andere, wenn sie keine Beziehung zum Gemeinwohl haben. Denn du versäumst damit die Erfüllung einer anderen Pflicht, wenn du deinen Geist damit beschäftigst, was dieser oder jener tut und warum, was er sagt, was er denkt oder vorhat usw., was dich aber von deiner Vernunft ablenkt. Du musst also aus deiner Gedankenreihe jeden Zufall, jedes Unnütze, jede Neugier und jede Arglist verbannen, musst dich gewöhnen, nur solche Gedanken zu haben, die Einfachheit und Wohlwollen sind, wie es einem geselligen Wesen geziemt, dass du nicht an bloßes Vergnügen oder irgendeinen Genuss denkst, nicht an Hass, Neid, Argwohn oder sonst etwas, das einzugestehen dich schamrot machen müsste.

*

Tue nichts mit Unwillen, nichts ohne Rücksicht aufs Gemeinwohl, nichts übereilt, nichts in Zerstreuung. Drücke deine Gedanken nicht in zierlichen Worten aus, sei nicht weitschweifig in deinen Reden, noch tue geschäftig. Dann findet man die Heiterkeit der Seele, wenn man sich angewöhnt, auf Hilfe von außen zu verzichten und zu unserer Ruhe nicht andere Leute zu brauchen.

*

Was dem Staate nicht schädlich ist, schädigt auch den Bürger nicht. Bei jeder vermeintlichen Schädigung wende folgende Regel an: Wird der Staat nicht dadurch beschädigt, so schadet es auch mir nicht. Wenn aber der Staat verletzt wird, so soll ich doch dem Schadensstifter nicht zürnen.

*

Wenn derjenige ein Fremder in der Welt ist, der sie nicht kennt, so ist der nicht weniger ein Fremder, der nicht weiß, was in ihr geschieht. Ein Flüchtling ist, wer sich den Staatsgesetzen entzieht, ein Blinder, wer das Geistesauge verschließt, ein Bettler, wer eines andern bedarf und das, was zum Leben nötig ist, nicht selbst besitzt, eine Geschwulst am Weltkörper jener, der vom Grundgesetz der Natur sich dadurch trennt und lossagt, weil sie ihm missfällt, denn sie führt alles herbei und hat auch dich hervorgebracht. Ein Abtrünniger vom Staat ist, wer seine eigene Seele der allen Vernunftwesen gemeinschaftlichen Seele entzieht.

*

Lass uns über vieles bei denen hinwegsehen, die sozusagen mit uns turnen, denn es steht dir frei, ohne Argwohn und Groll gewisse Leute zu meiden.

*

Was dem Bienenschwarm schadet, das schadet auch der Biene.

*

Reicht mein Verstand zu diesem Geschäft hin oder nicht? Reicht er hin, so verwende ich ihn dazu als ein von der Natur mir verliehenes Werkzeug. Im entgegengesetzten Falle überlasse ich das Werk dem, der es besser ausrichten kann, oder ich vollbringe es, so gut ich es vermag, und nehme dabei einen andern zu Hilfe, der, von meiner Geisteskraft unterstützt, vollbringen kann, was dem Gemeinwohl gerade jetzt dienlich und zuträglich ist. Denn was ich auf meine eigene Kraft beschränkt oder mit Hilfe eines andern zustande bringe, soll immer nur das Gemeinnützige und Ersprießliche zum Ziele haben.

*

Schäme dich nicht, dir helfen zu lassen. Denn dir ist, wie dem Krieger beim Stürmen, nur vorgeschrieben, deine Pflicht zu tun. Wie nun, wenn du deines lahmen Fußes wegen nicht allein imstande bist, die Schanze zu ersteigen, dies aber mit Hilfe eines andern dir möglich wäre?

*

Es ist ein Vorzug des Menschen, auch diejenigen zu lieben, die ihn beleidigen. Dahin gelangt man, wenn man bedenkt, dass die Menschen mit uns eines Geschlechtes sind, dass sie aus Unwissenheit und gegen ihren Willen fehlen, dass sie alle nach kurzer Zeit tot sein werden und vor allem, dass dein Widersacher dich nicht geschädigt hat. Denn er hat die in dir herrschende Vernunft nicht verändern können.

*

Die Menschen sind füreinander da. Also belehre oder dulde sie.

*

Genug, wenn das jeweilige Urteil klar, die jeweilige Tätigkeit gemeinnützig, die jeweilige Gemütsverfassung mit allem zufrieden ist, was aus natürlichen Ursachen sich ereignet.

*

Alle Dinge, die irgend etwas Gemeinschaftliches

haben, streben zur Vereinigung hin.

*

Wie du selbst als ein ergänzender Teil zur menschlichen Gesellschaft gehörst, so soll auch jede deiner Handlungen im bürgerlichen Leben eine Ergänzung bilden. Hat eine oder die andere deiner Handlungen keinen näheren oder entfernteren Bezug auf das Ziel des allgemeinen Nutzens, so bringt sie Verwirrung in dein Leben, verhindert seine Einheit und ist von so aufrührerischer Art, wie ein Mensch, der in einer Volksversammlung durch seine einzelne Person die ganze Einstimmigkeit hindert.

*

Niemand soll in Wahrheit von dir sagen dürfen, dass du nicht lauter, dass du nicht rechtschaffen seist, vielmehr sei der ein Lügner, der also von dir urteilen wollte. Das alles hängt nur von dir ab. Denn wer will dich hindern, rechtschaffen und geradlinig zu sein?

*

Denke daran, dass dem eingeborenen Bürger nichts schadet, was dem Staat nichts schadet, und ebenso wenig dem Staat etwas schadet, was nicht gegen die Gesetze ist. Was das Gesetz nicht verletzt, das schadet auch weder dem Staat noch dem Bürger.

*

Habe ich etwas Gemeinnütziges getan? Nun, davon habe ich ja selbst auch Vorteil. Diesen Gedanken habe stets vor Augen und höre nie auf, danach zu handeln.

*

Mancher, der jemandem eine Gefälligkeit erwiesen hat, ist sogleich bei der Hand, sie ihm in Rechnung zu stellen. Ein anderer ist zwar dazu nicht sogleich bereit, denkt sich aber diesen doch in anderer Hinsicht als seinen Schuldner, und hat den geleisteten Dienst immer in Gedanken. Ein dritter dagegen weiß gewissermaßen nicht einmal, was er geleistet hat. Er ist dem Weinstock gleich, der Trauben trägt und nichts weiter will, zufrieden, dass er seine Frucht gegeben hat. Wie ein Pferd, das dahin rennt, ein Hund nach der Jagd, und eine Biene, die ihren Honig bereitet: So ist der Mensch, der Gutes getan hat. Er posaunt es nicht aus, sondern schreitet zu einem andern guten Werk, wie der Weinstock rankt, um zu seiner Zeit wieder Trauben zu tragen.

*

Ein Zweig, von seinem Nachbarzweig gehauen, ist damit notwendigerweise zugleich auch vom ganzen Baumstamm abgehauen. So ist auch ein Mensch, der sich von einem seiner Mitmenschen lossagt, von der ganzen menschlichen Gesellschaft abgefallen. Den Zweig nun haut doch noch eine fremde Hand ab, ein Mensch dagegen trennt durch Hass und Abscheu sich selbst von seinem Nächsten und bedenkt dabei nicht, dass er damit zugleich sich vom ganzen Gemeinwesen losgerissen hat. Doch ist es ein Geschenk der menschlichen Gesellschaft, dass es uns vergönnt ist, wieder mit dem Nachbarzweig zusammenzuwachsen und wiederum ein ergänzender Teil des Ganzen zu werden. Je öfter freilich eine solche Trennung eintritt, desto schwieriger wird auch die Wiedervereinigung und Wiederherstellung des Getrennten.

Wen der Glanz des Nachruhms blendet, erwägt nicht, dass jeder von denen, die seiner gedenken, bald selbst sterben wird, und so jegliches folgende Geschlecht, bis endlich dieser ganze Ruhm, nachdem er durch einige sterbliche Wesen lebendig gehalten worden ist, mit diesen selbst stirbt. Aber gesetzt auch, dass die, die deiner gedenken, unsterblich wären, welchen Wert hat denn das für dich? Was nützt das Lob, außer eben in Verbindung mit gewissen zeitlichen Vorteilen? Lass daher beizeiten jenes aufgeblasene Geschenk fahren, das ja nur von fremdem Gerede abhängt.

Mensch und Mensch

Dass auch für den Stoiker die Beziehung zwischen Mensch und Mensch ein weites und schwieriges Feld und nicht leicht zu bestellen ist, spiegeln auch die Selbstbetrachtungen des römischen Kaisers wider. Sie können Ermutigungen für das Leben sein, Handlungsanweisungen, die sich in der Praxis wohl stets neu beweisen müssen. Marc Aurel zum mitmenschlichen Umgang:

Des Kaisers zehn Gebote

Fange endlich an, Mensch zu sein, solange du noch lebst! Hüte dich aber ebenso sehr davor, den Menschen zu zürnen oder zu schmeicheln. Denn beides ist für ein Gemeinwesen schädlich.
Erstens: Wie ist mein Verhältnis zu den Menschen? Wir sind füreinander da, manche führe ich, wie der Widder die Schafe und der Stier die Rinder.
Zweitens: Wie zeigen sich die Menschen im Alltag zuhause und anderswo? Welchen Einfluss haben ihre Grundsätze über sie, und mit wieviel Eigensinn verrichten sie ihre Handlungen?
Drittens: Ist ihr Handeln vernünftig, ist es unvernünftig?
Viertens: Auch du handelst oft falsch, und wenn du dich auch von gewissen Vergehen fern hältst, so

hast du doch die Fähigkeit dazu, obgleich du aus Furcht oder Ehrsucht oder sonst einem Grund darauf verzichtest.

Fünftens: Du weißt es nicht einmal richtig, ob dieser oder jener sich wirklich vergangen hat. Denn vieles geschieht auch unter dem Druck der Umstände, und man muss diese überhaupt erst kennen, um sich über Handlungsweise eines andern ein Urteil bilden zu können.

Sechstens: Wenn du dich auch noch so sehr aufregst oder ärgerst, erzürnst oder grämst, so bedenke, dass das Leben kurz ist und wir bald alle begraben sein werden.

Siebtens: Nicht die Handlungen anderer beunruhigen uns, sondern vielmehr unsere Meinungen darüber. Rege dich nicht über Beleidigungen auf, nur Laster kann dir schaden. Denn du musst ja nicht Sünder oder Räuber werden, nur weil andere dich so nennen.

Achtens: Zorn und Kummer über Handlungen anderer Menschen sind für uns oft härter als die Handlungen, über die wir uns aufregen.

Neuntens: Ist dein Wohlwollen wirklich echt, ohne Heuchelei, dann ist es auch nicht zu erschüttern. Denn was kann dir ein boshafter Mensch anhaben, wenn du ihm stets freundlich begegnest, ihn bei passender Gelegenheit sanftmütig warnst und gerade in dem Augenblick, wo er dir Böses anzutun versucht, ihn in ruhigem, zurechtweisendem Ton anredest. Du musst es aber ohne Spott und Übermut tun und ohne Bitterkeit; auch nicht schulmeisterlich oder in der Absicht, einen Dritten zu beeindrucken, sondern rede unter vier Augen mit ihm.

Zehntens: Erwarte von Bösewichten nicht, dass sie sich ausgerechnet gegen dich nicht vergreifen wie sie es gegenüber anderen zu tun pflegen.

*

Sooft du an der Unverschämtheit jemandes Anstoß nimmst, frage dich sogleich: Ist es auch möglich, dass es in der Welt keine unverschämten Leute gibt? Das ist nicht möglich. Verlange also nicht das Unmögliche. Dieselbe Frage stelle dir auch hinsichtlich der Schlauköpfe, Treulosen und jedes Fehlenden. Denn sobald du dich daran erinnerst, dass Leute dieses Gelichters nun einmal nicht zu verhindern sind, wirst du auch gegen jeden einzelnen von ihnen milder gesinnt sein. Jeder Fehlende aber irrt, insofern er sein Ziel verfehlt. Welchen Nachteil hast du dadurch erlitten? Du wirst finden, dass keiner von denen, über die du dich so sehr ereiferst, durch irgendeine seiner Übeltaten deine denkende Seele hat verschlechtern können, vielmehr stammen aus dieser dein Übel und dein Schaden. Wenn aber ein ungebildeter Mensch eben wie ein Ungebildeter sich beträgt, was ist denn Schlimmes oder Seltsames daran? Sieh zu, ob du nicht vielmehr dich selbst deshalb anklagen solltest, dass solch ein fehlerhaftes

Benehmen von diesen Menschen für dich so unerwartet sein kann. Hat dich doch deine Vernunft erwarten lassen, dass es wahrscheinlich sei, sie werden sich so vergehen, und dennoch vergaßt du das und wunderst dich jetzt, dass es so ist?

*

In dem Gemüt eines wohlerzogenen und geläuterten Menschen findet sich nichts Eitriges, nichts Unreines, nichts Arglistiges. Auch entreißt das Schicksal ihm das Leben nicht unvollendet, wie man von einem Schauspieler sagen könnte, er sei vor dem Ende und der Entwicklung des Stückes von der Bühne gegangen. An ihm findet sich weder etwas Knechtisches noch Gezwungenes, keine äußere Abhängigkeit, keine Zerrissenheit, nichts, was den Tadel zu fürchten oder das Licht zu scheuen hat.

*

Dass Leute ihrer Art nach handeln, ist ganz natürlich. Wollen, dass es anders sei, heißt wollen, dass der Feigenbaum keinen Saft habe. Überhaupt aber sei dessen eingedenk, dass alle in kurzer Zeit sterben werden. Bald danach werden nicht einmal die Namen mehr übrig sein.

*

Was den Menschen nicht schlimmer macht, als er

von Natur ist, das kann auch sein Leben nicht verschlimmern, kann ihm weder äußerlich noch innerlich schaden.

*

Fasse die Dinge nicht so auf, wie sie dein Beleidiger auffasst oder von dir aufgefasst haben will. Sieh dieselben vielmehr so an, wie sie in Wahrheit sind.

*

In einer Hinsicht ist der Mensch das uns am nächsten stehende Wesen, insofern wir ihm wohltun und ihn ertragen sollen. Insofern aber einer mich an Erfüllung meiner Pflichten hindert, wird er für mich zu einem der gleichgültigen Dinge ebenso gut wie die Sonne, der Wind oder ein Tier. Diese jedoch können meiner Wirksamkeit hinderlich werden. Aber für mein Wollen und meine Gesinnung gibt es keine Hindernisse. Denn jenes ist an bedingende Ausnahmen geknüpft, dieser kann ich eine andere Richtung geben.

*

Wirst du wohl einem zürnen, der nach Schweiß riecht, oder einem, dessen Atem widerlich ist? Was kann er dafür? Er hat nun einmal solch einen Mund und hat solche Achseln. Es muss also solche Ausdünstung von derlei Gliedern ausgehen. Aber der Mensch hat Vernunft, sagt einer, und kann also bei einiger Aufmerksamkeit wohl einsehen, worin er sich vergeht. Erwecke also durch deine vernunftmäßige Stimmung die gleiche Stimmung bei dem andern. Belehre! Ermahne! Denn sofern er darauf hört, wirst du ihn heilen und brauchst dann nicht zu zürnen oder zu klagen oder nachgiebig zu sein.

*

Die Dinge in der Welt sind gewissermaßen in ein solches Dunkel gehüllt, dass nicht wenige Philosophen, und zwar nicht alltägliche, bekannt haben, man könne sie nicht begreifen. Selbst die Stoiker halten sie für schwer ergründbar. Und wirklich sind auch all unsere Begriffe veränderlich. Denn wo ist ein Mensch, der sich niemals in seinen Urteilen geändert hat?

*

Unmögliche Dinge verlangen ist töricht. Unmöglich aber ist es, dass die Lasterhaften anders als lasterhaft handeln.

*

Keinem Menschen widerfährt etwas, was er nicht seiner Natur nach auch ertragen könnte. Dieselben Unglücksfälle widerfahren einem andern, der, entweder, weil er das nicht recht kennt, was ihm widerfährt, oder weil er seine Geistesgröße dabei zeigen will, ruhig und unverletzt bleibt. Ist es nicht entsetzlich, dass Unwissenheit und Eitelkeit stärker sein sollen als Einsicht?

*

Betrachte die Abschnitte von Zeiten und ganzen Völkern und siehe, wie viele, die Großes geleistet haben, bald dahin sanken und in die Grundstoffe aufgelöst wurden. Besonders aber rufe in dein Gedächtnis jene zurück, die du persönlich gekannt hast, wie sie über dem Jagen nach eitlen Dingen vernachlässigten, das zu tun, was der eigentümlichen Beschaffenheit ihres Wesens gemäß war, daran unablässig festzuhalten und entsprechend ihre Wünsche zu beschränken.

*

Ich bestehe aus einer wirkenden Kraft und einem körperlichen Stoff. Keines von beiden aber wird in nichts verschwinden, so wenig als es aus nichts entstanden ist. Jeder Teil meines Wesens wird also durch Umwandlung in irgendeinen Teil der Welt versetzt, und dieser wieder in einen andern Teil derselben und so ins Unendliche fort umgewandelt werden.

*

Warum sollten rohe und ungebildete Gemüter ein gebildetes und einsichtsvolles Gemüt beunruhigen können? Was ist aber eine gebildete und einsichtsvolle Seele? Die, die den Ursprung und das

Ziel der Dinge kennt und den Geist, der die Körperwelt durchdringt und die ganze Zeit hindurch nach bestimmten Abschnitten das All verwaltet.

*

Wie lächerlich doch die Menschen verfahren! Ihren Zeitgenossen, mit denen sie zusammenleben, verweigern sie das Lob, sie selbst aber schlagen das Lob seitens der Nachkommen hoch an. Diese sollen rühmen, was sie weder kennen noch gesehen haben. Das ist aber fast ebenso, als wenn jemand sich darüber betrüben wollte, dass auch die Vorfahren auf ihn keine Lobreden gehalten haben.

*

Denke nicht, wenn etwas dir schwer vorkommt, dass es nicht menschenmöglich sei. Vielmehr, wenn etwas für einen Menschen möglich und seiner Natur angemessen ist, so glaube ruhig, es sei auch für dich erreichbar.

*

Bedenke, wieviel bei einem jeden von uns in ein und demselben Augenblicke vorgeht, Leibliches zugleich und Geistiges. Dann wirst du dich nicht wundern, dass noch viel mehr, ja dass alles, was da ist, in der einen Gesamtheit, die wir die Welt nennen, zugleich sein Dasein hat.

*

Wie grausam ist es doch, den Menschen nicht zu gestatten, nach dem zu streben, was ihnen angemessen und zuträglich erscheint! Und doch gestattest du ihnen gewissermaßen nicht, dies zu tun, wenn du über ihre Vergehen ungehalten bist. Denn sie lassen sich ja überall durch den Schein des für sie Angemessenen und Zuträglichen dazu fortreißen. Du sprichst: Sie betrügen sich. So belehre sie, ohne über sie ungehalten zu sein.

*

Wie viele Sinnenfreuden haben nicht Räuber, Unzüchtige, Vatermörder, Tyrannen genossen?

*

Eitle Prachtliebe, Bühnenspiele, Herden von Klein- und Großvieh, Fechtspiele – ein Knochen unter die Hunde, ein Brocken in einen Fischbehälter geworfen, die mühsame Lastenträgerei der Ameisen, das Hin- und Herlaufen erschrockener Mäuse, Gliederpuppen, an einem Draht herumgezerrt. Mitten in diesem Getriebe nun muss man freundlich und leidenschaftslos dastehen und erkennen, dass jeder Mensch denselben Wert hat wie die Gegenstände seiner Bemühungen.

*

Ist Schmerz unerträglich, so führt er den Tod

herbei, dauert er fort, so lässt er sich ertragen. Durch Sammlung in sich selbst bewahrt dabei die denkende Seele ihre Heiterkeit, und die in uns herrschende Vernunft erleidet keinen Schaden. Was die vom Schmerz beschädigten Glieder betrifft, so mögen sie, wenn sie können, darüber sich aussprechen.

*

Wer über die Menschen reden will, der muss, wie von einem höheren Standpunkte aus auch ihre irdischen Verhältnisse ins Auge fassen, ihre Versammlungen, Kriegszüge, Feldarbeiten, Heiraten, Friedensschlüsse, Geburten, Todesfälle, lärmende Gerichtsverhandlungen, verödete Ländereien, fremde Völker, ihre Feste, Toten-klagen, Jahrmärkte, diesen Mischmasch und diese Zusammensetzung aus den fremdartigsten Bestandteilen.

*

Dem Menschen kann nie etwas begegnen, was nicht ein menschlicher Vorfall wäre, so wenig wie dem Stier etwas, was nicht seiner Stiernatur, oder dem Weinstock etwas, was nicht der Natur des Weinstocks, oder auch dem Steine etwas, was nicht der Natur des Steines angemessen wäre. Wenn nun jedem begegnet, was gewöhnlich und natürlich ist, warum wolltest du ärgerlich darüber werden, da die Natur dir nichts Unerträgliches widerfahren lässt?

*

Das Aufhören einer Tätigkeit, der Stillstand der Triebe und Meinungen, schon eine Art von Tod, ist kein Übel. Geh einmal zu deinen verschiedenen Lebensstufen über: Du wurdest Kind, Jüngling, Mann, Greis, und es war ja auch jeder Wechsel von diesen ein Tod. Ist das etwas Schreckliches? Ebenso wenig wird auch das Aufhören, der Stillstand und die Umwandlung deines ganzen Lebens schrecklich sein.

*

Was sind die Menschen, die nur essen, schlafen, sich begatten, ausleeren und nur tierische Funktionen verrichten? Und was, wenn sie die Herren spielen, stolz einhergehen, sich ungehalten gebärden und von ihrer Höhe herab mit Schimpfworten um sich werfen? Welchen Menschen frönten sie noch vor kurzer Zeit und für welchen Lohn? Und was wird aus ihnen nach einer kleinen Weile werden?

*

Das würde der vollkommenste Mensch sein, der aus dem Kreis der Menschen scheiden würde, rein von Lügengerede, von Heuchelei, Üppigkeit und Hoffart. Der zweite Rang, nächst ihm, gebührt dem, der mit Abscheu gegen diese Dinge lieber den Geist aushauchen als in Bösartigkeit verharren möchte.

*

Es liegt in deiner Macht, dass dein Leben glücklich dahinfließt, wenn du nur dem rechten Weg folgen und auf diesem urteilen und handeln willst.

Charakter, Vernunft, Grenzen

Jeder Mensch muss zeitlebens an sich selbst arbeiten. Er ist für seinen Charakter verantwortlich, ebenso für seinen Verstand.

Marc Aurel sagt zu Charakter und Vernunft, aber auch zu den Grenzen des Menschenmöglichen:

Denke zu jeder Tageszeit daran, in deinen Handlungen einen festen Charakter zu zeigen, einen ungekünstelten, sich nie verleugnenden Ernst, ein Herz voll Freiheits- und Gerechtigkeitsliebe. Verscheuche jeden anderen Gedanken, und das wirst du können, wenn du jede deiner Handlungen als die letzte deines Lebens betrachtest, frei von Überstürzung, ohne irgendeine Leidenschaft, die der Vernunft ihre Herrschaft entzieht, ohne Heuchelei, ohne Eigenliebe und mit Ergebung in den Willen des Schicksals. Du siehst, wie wenig zu beachten ist, um ein friedliches Leben zu führen.

*

Nichts ist jämmerlicher als ein Mensch, der alles ergründen will, der die Tiefen der Erde erforscht und, was in der Seele seines Nebenmenschen vorgeht, zu erraten sucht, ohne zu bedenken, dass er sich begnügen sollte, mit dem Genius, den er in sich hat, zu verkehren und diesem aufrichtig zu dienen. Dieser Dienst aber besteht darin, ihn vor jeder Leidenschaft, Eitelkeit und Unzufriedenheit zu bewahren.

*

Die Seele des Menschen bedeckt sich vornehmlich dann mit Schmach, wenn sie gleichsam eine Geschwulst, ein krankhaftes Geschwür in der Welt wird. Denn über Dinge, die uns begegnen, unzufrieden zu sein, heißt so viel wie sich von der allgemeinen Natur, die die Natur aller besonderen Wesen in sich fasst, loszusagen. Ferner entehrt sie sich durch Abneigung gegen einen Menschen oder wenn sie aus Feindseligkeit ihm zu schaden trachtet. Und von der Art sind die Gemüter der Zornigen. Die Seele schändet sich auch, wenn sie sich von der Lust oder vom Schmerz besiegen lässt, ferner, wenn sie sich verstellt und in ihren Handlungen und Reden heuchelt und lügt, endlich, wenn sie bei ihren Handlungen und Bestrebungen kein Ziel verfolgt, sondern unbesonnen ihr Tun dem Zufall überlässt, während die Pflicht gebietet, selbst die unbedeutendsten Dinge auf einen Zweck zu beziehen. Zweck vernünftiger Wesen aber ist, die vernunftgemäßen Gesetze des Staates von der ältesten Verfassung an zu befolgen.

*

Hauptsächlich vier Verirrungen sind es, vor denen deine Vernunft sich beständig hüten muss und denen du, sobald du sie aufgespürt hast, ausweichen sollst, indem du in dem einen Falle so zu ihr sprichst: Das ist eine unnötige Vorstellung, in dem andern so: Dies zerreißt das Band der menschlichen Gesellschaft, in dem dritten so: Was du jetzt sagen willst, ist nicht die Sprache deines Herzens, es ist aber ganz unstatthaft, anders zu reden als man denkt. Der vierte Fall ist der, wenn du dir selbst Vorwürfe machen musst. Dies rührt von der Stimme des Teils deines Wesens her, der von deinem Körper, dem unedleren und sterblichen Teile deiner Natur und von dessen sinnlichen Lüsten überwältigt und unter dieselben herabgewürdigt ist.

*

Alles das, was du nach einiger Zeit zu erlangen wünschst, kannst du jetzt schon haben, wenn du nicht missgünstig gegen dich selbst bist. Und es gehört dir, wenn du alles Vergangene beiseite lässt, das Zukünftige auf dich zukommen lässt und bloß das Gegenwärtige der Frömmigkeit und Gerechtigkeit gemäß einrichtest, und zwar der Frömmigkeit gemäß, um mit dem dir zugeteilten Lose zufrieden zu sein. Denn die Natur ist es, die dasselbe für dich und dich für dasselbe bestimmte. Der Gerechtigkeit gemäß aber, um freimütig und ohne Umschweife die Wahrheit zu reden und dein Tun dem Gesetz und Wert der Dinge entsprechend zu gestalten, unbeirrt von fremder Schlechtigkeit, von Vorurteilen, vom Gerede anderer und auch von den Lüsten deines eigenen Fleisches. Denn da mag es sich der Körper selbst zuschreiben, wenn er sich Leiden schafft. Lass denn, ohnehin schon dem Lebensende nahe, alles übrige dahingestellt, ehre einzig und allein die herrschende Vernunft und die Natur in dir, fürchte dich nicht vor dem Aufhören des Lebens, vielmehr nur davor, dass du ein naturgemäßes Leben noch nicht einmal begonnen hast. Dann erst wirst du ein Mensch sein, würdig der Welt, deiner Erzeugerin, und wirst auch aufhören, in deinem Vaterland ein Fremder zu sein, was doch alle Tage geschieht, Erwarten übersteigend zu bestaunen und das Herz an dieses oder jenes hängend.

*

Wenn du im menschlichen Leben etwas findest, was höher steht als die Gerechtigkeit, die Wahrheit, die Mäßigkeit, der Mut, mit einem Worte, als ein Gemüt, das in Hinsicht seiner vernunftgemäßen Handlungsweise mit sich selbst und hinsichtlich der Ereignisse, die nicht in seiner Gewalt stehen, mit dem Schicksal zufrieden ist, wenn du etwas Besseres findest, so wende dich dem mit der ganzen Macht deiner Seele zu und ergötze dich an diesem höchsten Gut. Wenn sich aber deinen Blicken nichts Besseres zeigt als der Geist, der in dir wohnt, der sich zum Herrn seiner eigenen Begierden gemacht hat, sich genau Rechenschaft über alle seine Gedanken gibt, der sich, wie Sokrates sagte, von der Herrschaft der Sinne losreißt, wenn alles andere dir gering und wertlos erscheint, so gib auch keinem anderen Ding Raum.

*

Wenn du bei all deinem Tun immer der gesunden Vernunft folgst, dasjenige, was dir im Augenblicke zu tun obliegt, mit Eifer, Kraft, Freundlichkeit betreibst und, ohne auf eine Nebensache zu sehen, den Genius in dir rein zu erhalten versuchst, als ob du ihn sogleich zurückgeben müsstest, wenn du so ohne Furcht und ohne Hoffnung handelst, dir die jeweilige naturgemäße Tätigkeit und heldenmütige Wahrheitsliebe in deinen Reden und Äußerungen genügen, so wirst du ein glückliches Leben führen, und es gibt niemanden, der dich hindern könnte, so zu handeln.

*

Leib, Seele, Vernunft – dem Leibe gehören die Empfindungen an, der Seele die Triebe, der Vernunft die Grundsätze. Das Vermögen, die Gegenstände sinnlich wahrzunehmen, hat auch das Vieh. Durch Begierden mechanisch erregt zu werden, ist den wilden Tieren und den Scheusalen unter den Menschen gemeinsam. Sich durch den Verstand zu dem leiten lassen, was der äußere Anstand fordert, das tun auch die, welche Schandtaten verüben. Wenn nun nach dem Gesagten dies allen gemeinschaftlich ist, so bleibt als eigentümlich für den Guten nur das übrig, dass er zu allem, was ihm als Pflicht erscheint, die Vernunft zu seiner Führerin habe, alles, was ihm durch die Verkettung der Geschicke begegnet, mit Liebe umfasse, den im Innern seiner Brust thronenden Geist nicht belaste noch durch ein Gewirr von Einbildungen beunruhige, sondern ihn heiter erhalte, ebenso wenig etwas rede, was der Wahrheit etwas antue, was der Gerechtigkeit widerstreitet.

*

Haben wir das Denkvermögen miteinander gemein, so ist uns auch die Vernunft gemeinsam, kraft der wir vernünftige Wesen sind. Ist dem so, so haben wir auch die Stimme gemein, die uns vorschreibt, was wir tun und nicht tun sollen. Ist dem so, so haben wir auch alle ein gemeinschaftliches Gesetz. Ist dem so, so sind wir Mitbürger untereinander und leben zusammen unter derselben Regierung. Ist dem so, so ist die Welt gleichsam unsere Stadt, denn welchen andern gemeinsamen Staat könnte jemand nennen, in dem das ganze Menschengeschlecht dieselben Gesetze hätte? Von diesem gemeinsamen Staat haben wir das Denkvermögen, die Vernunft und die gesetzgeberische Kraft, oder woher sonst? Von nichts kommt nichts, so wenig wie etwas in das Nichts übergeht – ebenso ist natürlich auch das Denkvermögen irgendwoher gekommen.

*

Beschränke deine Tätigkeit auf weniges, wenn du in deinem Innern ruhig sein willst. Vielleicht wäre es besser zu sagen: Tu das, was notwendig ist und was die Vernunft eines von Natur zur Staatsgemeinschaft bestimmten Wesens gebietet und so, wie sie es gebietet. Dies verschafft uns nicht nur die Zufriedenheit, die aus dem rechten Tun, sondern auch diejenige, die aus wenig Tun entspringt. In der Tat, wenn wir das meiste, was in unserem Reden und Tun unnötig ist, wegließen, so würden wir mehr Muße und weniger Unruhe haben.

*

Bilde deine Urteilskraft sorgfältig aus. Das ist das wirksamste Mittel, dass keine Meinungen in dir entstehen, die der Natur und ebenso einem vernünftigen Geschöpfe widersprechen. Die Vernunft schreibt uns vor Enthaltung von jeder Überstürzung in unseren Urteilen, Wohlwollen für die Menschen.

*

Zu zweierlei musst du stets bereit sein: erstens, einzig nur das zu tun, was die königliche Gesetzgeberin Vernunft um des Menschenwohls willen dir eingibt, und zweitens, deine Meinung zu ändern, sobald nämlich jemand dich dazu veranlasst dadurch, dass er sie berichtigt.

*

Hast du Vernunft? – Ja. – Warum gebrauchst du sie denn nicht? Denn wenn du sie schalten lässt, was willst du noch mehr?

*

Innerhalb zehn Tagen wirst du denen, die dich jetzt als ein wildes Tier und einen Affen ansehen, wie ein Gott vorkommen, wenn du zu deinen Grundsätzen und zur Vernunft zurückkehrst.

*

Geh immer den kürzesten Weg. Der kürzeste Weg

ist der naturgemäße, das heißt in allen Reden und Handlungen der gesunden Vernunft folgen.

*

Die vernunftlosen Tiere und überhaupt alle Sinneswesen, die keine Vernunft haben, behandle als vernünftiger Mensch hochherzig und edel, die Menschen aber, weil sie Vernunft haben, behandle mit geselliger Liebe.

*

Sorge nicht für die Zukunft! Wirst du sie ja doch, wenn es sein soll, einmal erreichen, mit derselben Vernunft ausgerüstet, die dir jetzt in der Gegenwart Dienste leistet.

*

Bei einem vernünftigen Geschöpfe ist eine naturgemäße Handlungsweise immer auch eine vernunftgemäße.

*

Wie bei einem vereinten Körper die einzelnen Glieder, so verhalten sich trotz ihrer Trennung die einzelnen vernunftbegabten Wesen zueinander. Auch sie sind zum Zusammenwirken eingerichtet.

*

Nicht bloß dein Odem soll mit der dich umgebenden Luft, sondern auch dein Sinn soll mit dem Vernunftwesen in Übereinstimmung sein, das alles umgibt. Denn die Vernunft ist ebenso über das All ausgegossen und durchdringt ebenso jeden, der sie an sich ziehen will, wie die Luft den, der Atem holt.

*

Die sinnlichen Gegenstände sind außer uns, einsam stehen sie, sozusagen vor unserer Tür. Sie wissen nichts von sich selbst, urteilen auch nicht über sich. Wer ist es denn, der über sie urteilt? Unsere Vernunft.

Natur

Der Stoiker spricht von der Natur oder der Allnatur, wenn er die Welt betrachtet. Den Menschen sieht er der Natur zugehörig an.

Marc Aurel sagt über die Natur:

Diese Gurke ist bitter. Nun, so wirf sie weg. Hier sind Dornenbüsche am Weg. Weiche ihnen aus. Das ist alles. Frage nicht noch: Wozu gibt es solche Dinge in der Welt? Sonst würde dich ein Naturkundiger auslachen, gleichwie der Tischler und der Schuster dich auslachen würden, wenn du ihnen vorwerfen würdest, dass in ihren Werkstätten Hobelspäne und Lederabfälle sind. Und doch haben diese Leute noch einen Ort, wo sie dergleichen hinwerfen können. Die Natur aber hat außerhalb ihres eigenen Kreises nichts. Das ist gerade das Bewundernswerte in ihrer Kunstfertigkeit, dass sie in ihrer Selbstbegrenzung alles, was in ihr zu verderben, zu veralten und unbrauchbar zu werden droht, in Natur verwandelt und eben daraus wieder anderes Neues bildet.

*

Aufwärts, niederwärts, alles in der Welt ist in demselben Kreislauf von Jahrhundert zu Jahrhundert. Entweder ist nun die Vernunft des Weltganzen bei jeder Veränderung wirksam, und wenn sie dies ist, so sei dir, was sie hervortreibt, willkommen, oder sie hat sich nur ein für allemal schöpferisch gezeigt, das übrige aber ist, nach einer notwendigen Aufeinanderfolge gewissermaßen eines in dem andern begründet und enthalten. Oder das Ganze ist nur ein Gewirr von Atomen oder unteilbaren Teilchen. Kurz, gibt es einen Gott, so steht alles gut. Herrscht aber das Ungefähre, so folge du doch keinem blinden Ungefähren. Bald wird die Erde uns alle bedecken. Hierauf wird auch sie selbst sich verwandeln und so fort bis ins Unendliche. Denn wer diese übereinander wogenden Fluten von Verwandlungen und Veränderungen mit ihrer reißenden Schnelligkeit beachtet, der wird alles Sterbliche gering achten.

*

Die Urkraft des Weltganzen ist wie ein gewaltiger Strom, der alles mit sich fortreißt. Wie unbedeutend sind selbst diejenigen Staatsmänner, die die Geschäfte nach den Regeln der Weltweisheit zu lenken wähnen! O Eitelkeit! Was willst du, Mensch? Tue doch, was gerade jetzt die Natur von dir fordert. Wirke, solange du kannst, und blicke nicht um dich, ob es einer auch erfahren wird. Hoffe auch nicht auf einen platonischen Staat, sondern sei zufrieden, wenn es auch nur ein klein wenig vorwärts geht, und halte auch einen solchen kleinen Fortschritt nicht für unbedeutend. Denn wer kann die Grundsätze der Leute ändern? Was ist aber ohne eine Änderung der Grundsätze anders zu erwarten als ein Knechtsdienst unter Seufzen, ein erheuchelter Gehorsam? Die Philosophie lehrt Einfachheit und Bescheidenheit. Fort mit vornehm tuender Aufgeblasenheit!

*

Des Nutzens wegen ist die Natur gezwungen, sich so zu verhalten, wie sie es tut.

*

Alles, was dir ansteht, o Welt, steht auch mir an.

Nichts kommt mir zu früh, nichts zu spät, was für dich zur rechten Zeit kommt. Alles, was deine Zeiten mitbringen, ist mir eine liebliche Frucht, o Natur. Von dir kommt alles, in dir ist alles, in dich kehrt alles zurück.

*

Ist die Welt etwas Wohlgeordnetes oder ein zufälliges Durcheinander, das man aber doch Weltordnung nennt? Wie? In dir ist Ordnung, und im Weltganzen wäre alles Gewirr und Unordnung? Und das bei der so harmonischen Verknüpfung aller möglichen Kräfte, die einander widerstreiten und geteilt sind?

*

Die Welt ist entweder ein zufälliges Gemisch von Dingen, die sich bald miteinander verflechten, bald voneinander lösen, oder ein Ganzes, worin Einheit und Ordnung und Vorsehung walten. Ist sie nun das erstere, warum sollte es mich verlangen, in einem ordnungslosen Gewirr, in solch einem Gemenge zu verweilen? Was könnte mir dann erwünschter sein als einst wieder Erde zu werden? Warum mich auch beunruhigen? Denn was ich auch tun mag, die Auflösung wird über mich kommen.

*

Ferner ist zu beachten, dass es selbst in den

Erscheinungen, die sich in den Erzeugnissen der Natur finden, etwas Reizendes und Anziehendes gibt. Hat jemand Empfänglichkeit und ein tieferes Verständnis für alles, was im Weltganzen geschieht, so gibt es kaum etwas, was uns auch unter solchen Nebenumständen nicht als eine Art harmonischer Übereinstimmung mit dem großen Ganzen erschiene. So gibt es viele Dinge, die nicht jedermann, sondern nur der angenehm findet, der für die Natur und ihre Werke Verständnis hat.

*

Mag man nun die Welt als ein Gewirr von Atomen oder ein geordnetes Ganze ansehen, so steht doch soviel fest: Ich bin ein Teil des Ganzen, das unter der Herrschaft der Natur steht, und zugleich bin ich notwendig mit allen mir gleichartigen Teilen in engem Zusammenhang. Denn jenes ersten Grundsatzes eingedenk, werde ich mit nichts unzufrieden sein, was mir als einem Teile vom Ganzen zugeteilt wird. Kann ja doch nichts dem Teile schädlich sein, was dem Ganzen zuträglich ist, denn das Ganze enthält nichts, was nicht ihm selbst zuträglich wäre. Es gibt nichts im Weltsystem, was nicht dem Weltsystem diente. Denke ich also nur daran, dass ich ein Teil eines solchen Ganzen bin, so werde ich mit allem, was sich ereignet, zufrieden sein. Sofern ich aber mit den mir gleichartigen Teilen in enger Verbindung stehe, werde ich nichts gegen das Gemeinwohl tun, vielmehr werde ich, mit steter Rücksicht auf meine Mitmenschen, mein Streben ganz auf das allgemein Beste richten und vom Gegenteil ablenken. Bei solcher Ausführung dieser Vorsätze muss mein Leben glücklich dahinfließen, so glücklich, wie der Wahrnehmung nach das Leben eines Bürgers dahinfließt, der von einer seine Mitbürger beglückenden Tat zur andern fortschreitet und alles, was ihm der Staat auferlegt, mit Freuden übernimmt.

*

Alle Teile des Universums, das heißt alles, was die Welt in sich begreift, müssen notwendig zerstört oder, treffender ausgedrückt, umgewandelt werden. Wäre nun dies für sie von Natur ein Übel und zwar ein notwendiges Übel, so hätte das Weltall bei dem steten Übergang seiner Teile zur Veränderung und ihrer vorherrschenden Bestimmung zur Zerstörung keine weise Einrichtung erhalten. Sollte aber wohl die Natur selbst die Einrichtung getroffen haben, ihren eigenen Teilen Übles zuzufügen, ja, sie nicht nur ins Übel zu stürzen, sondern diesen ihren Sturz sogar notwendig zu machen? Oder sollte es ihr verborgen geblieben sein, dass so etwas eintreten wird? Beides ist ja unglaublich. Doch wenn jemand, von der Natur absehend, diese Umwandlungen bloß aus der natürlichen Einrichtung der Dinge herleiten wollte, so wäre es bei all dem lächerlich, einerseits zu behaupten, dass die Teile des Ganzen wegen ihrer natürlichen Anlage sich verwandeln müssen, und anderseits über manches Ereignis als naturwidrig sich zu verwundern oder zu ärgern, zumal da die Auflösung in diejenigen Teile erfolgt, aus denen jedes Ding entstanden ist, sei diese nun eine Auflösung der Grundstoffe oder ein Übergang in das Weltganze, mag nun dieses nach einem bestimmten Kreislauf der Zeit in Feuer auflodern oder sich durch ewige Umgestaltungen wieder erneuern.

*

Auch die zufälligen Ereignisse sind nichts Unnatürliches.

*

Betrachte alles naturgemäße Reden und Tun als deiner würdig. Lass dich also durch keine darauf folgenden Vorwürfe oder das Gerede anderer beeinflussen, vielmehr, wenn etwas gut ist zu tun oder zu sagen, so halte es deiner nicht für unwürdig. Jene haben eben ihren eigenen Sinn und folgen ihrer eigenen Neigung. Danach schaue du dich nicht um, sondern gehe den geraden Weg und folge deiner eigenen und der gemeinsamen Natur. Beide haben nur einen Weg.

*

Betrachte die ganze Natur, wovon du nur ein

winziges Teil bist, und das ganze Zeitmaß, von dem nur ein kurzer und kleiner Abschnitt dir gehört, und das Schicksal, wovon das deinige nur einen Bruchteil bildet.

*

Stelle dir stets die Welt als ein Geschöpf vor, das nur aus einer Materie und aus einem einzigen Geist besteht. Sieh, wie alles der einen Empfindung folgt, wie durch einheitliche Triebkraft alles sich bildet, wie alles an allen Ereignissen mitwirkt, alles mit allem Werdenden in Zusammenhang steht und von welcher Art die innige Verknüpfung und Wechselwirkung sind.

*

Asien, Europa – Winkel der Welt. Der ganze Ozean – ein Tropfen des Alls! Der Athos – ein winziger Erdhaufen des Weltganzen. Die ganze Gegenwart – ein Augenblick der Ewigkeit! Alles klein, veränderlich, verschwindend! Alles hat einen Ursprung, von demselben gemeinsamen All unmittelbar oder infolge seiner Wirksamkeit herrührend. Also sind auch der Rachen des Löwen, das Gift, alles Schädliche, wie Dornen und Sümpfe, ein Teil der prachtvollen und schönen Welt. Fort also mit dem Wahn, als stünden sie mit der Natur in keiner Verbindung, beachte vielmehr die wahre Quelle aller Dinge.

*

Wer das jetzt Vorhandene gesehen hat, der hat alles überschaut, was von jeher war und was in alle Ewigkeit sein wird. Denn alles ist von derselben Natur und Form.

*

Jede Maschine, jedes Werkzeug, kurz jedes Gerät ist in gutem Zustande, wenn es leistet, wozu es gebildet worden ist, und doch ist hier der Hersteller vielleicht fern. Bei dem aber, was die Natur umfasst, ist und bleibt die bildende Kraft im Innern.

*

Dem Gesetz deiner Natur gemäß zu leben, kann niemand dich hindern. Dem Gesetz der gemeinsamen Natur zuwider kann nichts dir passieren.

*

Alles ist wie durch ein heiliges Band miteinander verflochten. Nahezu nichts ist sich fremd. Alles Geschaffene ist einander zugeordnet und zielt auf die Harmonie derselben Welt.

*

Mein einziges Bestreben sei nur, dass ich für meine Person nichts tue, was die Naturanlage des Menschen überhaupt nicht will oder so nicht will oder gerade jetzt nicht will.

*

Zur Erde muss, was aus der Erde stammt, doch was der Natur entkeimt, kehrt wieder in die Natur zurück. Entweder ist das nun eine Auflösung der ineinander verflochtenen Atome oder eine Art von Zerstreuung empfindungsloser Grundstoffe.

*

Der gebildete und bescheidene Mensch sagt zu der alles spendenden und wieder nehmenden Natur: Gib, was du willst, und nimm, was du willst. Doch sagt er dies nicht trotzig, sondern verständig und gelassen.

*

Was die Natur jedem zuträgt, ist ihm zuträglich, und gerade dann zuträglich, wenn sie es zuträgt.

*

»Den Regen liebt die Erde, ihn liebt auch der hehre Luftkreis.« Die Erde liebt zu tun, was geschehen soll. Daher sage ich zur Erde: Ich liebe, was du liebst. Ist' es so nicht auch eine gewöhnliche Redensart: Das pflegt gerne zu geschehen?

*

Immer halte dir vor Augen, dass dies Stück Erde auch ein Stück Erde ist, und dass du hier eben dasselbe findest, was jene, die auf dem Gipfel eines Berges oder am Meer oder wo du sonst willst, leben. Du wirst Platons Wort bestätigt finden, magst du nun vom Stall eines Hirten, der auf dem Gebirge seine Herde melkt, oder von einer Stadtmauer umschlossen sein.

*

Jetzt unreife Traube, bald reif, dann gedörrt – lauter Umwandlungen, doch nicht etwa in ein Nichts, vielmehr in ein Anderssein.

*

Die Natur steht niemals gegen die Kunst zurück, vielmehr sind die Künste Nachahmerinnen der Natur, und wenn dies ist, so dürfte wohl die vollkommene und alles andere umfassende Natur der künstlerischen Geschicklichkeit nicht nachstehen. Alle Künste aber verfertigen das Unvollkommene um des Vollkommenen willen. So verfährt auch die Natur. Hier hat auch die Gerechtigkeit ihren Ursprung, aus der alle übrigen Tugenden sich entwickeln. Denn solange wir uns noch mit den gleichgültigen Dingen zu schaffen machen oder uns als leicht verführbare, voreilige und wetterwendische Menschen zeigen, werden wir Gerechtigkeit noch nicht erreicht haben.

*

Die Natur nimmt auf jedes Wesen Rücksicht, und

zwar nicht minder auf sein Ende als auf seinen Anfang und seine Fortdauer, so wie der, der den Ball in die Höhe wirft, auf ihn Achtung gibt. Was widerfährt nun dem Balle Gutes, wenn er empor geworfen wird, und was für ein Übel, wenn er herunterkommt oder zu Boden fällt? Was für eine Wohltat der Wasserblase, wenn sie zusammenhält, oder was für ein Leid, wenn sie zerplatzt? Ebenso ließe sich wegen eines Lichts fragen.

Götter

Die antiken Philosophen lebten unter einem Himmel voller Götter. Trotz der großen Zahl und Auswahl war das Verhältnis zu den himmlischen Übermenschen sehr unterschiedlich. Sogar Zweifel war erlaubt.

Marc Aurel, als Kaiser selbst ein Gott, sagt über die Götter:

Entweder vermögen die Götter nichts, oder sie vermögen etwas. Wenn sie nun nichts vermögen, warum betest du? Sind sie aber mächtig, warum flehst du sie nicht, statt um Abwendung dieses oder jenes Übels oder um Verleihung dieses oder jenes Gutes, vielmehr um die Gabe an, nichts von alldem zu fürchten oder zu begehren oder darüber zu trauern? Denn wenn sie überhaupt den Menschen zu helfen vermögen, so können sie auch dazu verhelfen. Aber vielleicht entgegnest du: Das haben die Götter in meine Macht gestellt. Nun, ist es da nicht besser, das, was in deiner Macht steht, mit Freiheit zu gebrauchen, als zu dem, was nicht in deiner Macht steht, mit sklavischer Erniedrigung dich hinreißen zu lassen?

*

Die Athener beteten: »Gib bald Regen, lieber Zeus, gib Regen den Fluren und Auen der Athener!« Entweder soll man gar nicht beten oder auf diese Art, so einfach und edelgesinnt.

*

Überall und jederzeit steht es bei dir, in deiner gegenwärtigen Lage religiöse Zufriedenheit zu äußern, gegen deine Zeitgenossen Gerechtigkeit zu beweisen und sich dir darbietende Ideen einer Prüfung zu unterwerfen, damit sich nicht etwas Unbegreifliches einschleiche.

*

Entweder ist ein denkendes Wesen die Urquelle, von der dem ganzen Weltall, als einem Körper, alles zuströmt, und alsdann darf sich der Teil über dasjenige, was zum Nutzen des Ganzen geschieht, nicht beklagen, oder das All ist ein Gewirr von Atomen, eine zufällige Mischung und dann wieder Trennung, wozu dann deine Unruhe? Sprich eben zu deiner Seele: Du bist tot, bist nur Schein und Verwesung, denkst nur wie ein Tier, deinen Hunger zu stillen und deine Bedürfnisse zu befriedigen.

Quelle: „Selbstbetrachtungen" von Marcus Aurelius Antoninus, 121-180, römischer Kaiser von 161-180.

Auswahl nach Übersetzungen von Carl Cleß, Otto Kiefer, Albert von Wittstock, zum Teil sprachlich aktuell überarbeitet. Die Philosophie der Stoa (Säulenhalle) entstand in einer Säulenhalle auf dem Marktplatz von Athen, wo Zenon von Kition um 300 vor unserer aktuellen Zeitrechnung eine Philosophie der ganzheitlichen Weltschau lehrte. Dem Menschen kommt ein Platz zu in dieser Welt, den er durch Gelassenheit, Selbstbeherrschung, Seelenruhe mit dem Ziel der Weisheit anstreben sollte. Zu den bekanntesten Vertretern der (jüngeren) Stoa zählen Epiktet, Seneca, Marc Aurel, der Weise auf dem Kaiserthron. In der Renaissance erlebte die Stoa sozusagen ihre Wiederentdeckung. Von Friedrich dem Großen bis Helmut Schmidt reichen die bedeutenden Persönlichkeiten, die sich durch die Stoa und besonders durch die Gedanken Marc Aurels in ihrem Leben haben beeinflussen lassen.

Jochen Kastilan

*Für Inge,
Sonja und Udo*